郭智勇 ◎ 著

# 独步庄内
## ——对《庄子》内篇成书年代的一种研究

黑龙江人民出版社

图书在版编目(CIP)数据

独步庄内：对《庄子》内篇成书年代的一种研究／郭智勇著. — 哈尔滨：黑龙江人民出版社，2018.8
(2021.3重印)
ISBN 978-7-207-11470-9

Ⅰ.①独… Ⅱ.①郭… Ⅲ.①道家②《庄子》—研究 Ⅳ.①B223.55

中国版本图书馆 CIP 数据核字(2018)第 190201 号

责任编辑：孙国志
封面设计：鲲　鹏
责任校对：秋云平

独步庄内——对《庄子》内篇成书年代的一种研究
郭智勇　著

| 出版发行 | 黑龙江人民出版社 |
|---|---|
| 地　　址 | 哈尔滨市南岗区宣庆小区 1 号楼 |
| 邮　　编 | 150008 |
| 网　　址 | www.longpress.com |
| 电子邮箱 | hljrmcbs@ yeah.net |
| 印　　刷 | 三河市华东印刷有限公司 |
| 开　　本 | 787×1092　1/16 |
| 印　　张 | 10 |
| 字　　数 | 140 千字 |
| 版　　次 | 2018 年 8 月第 1 版　2021 年 3 月第 2 次印刷 |
| 书　　号 | ISBN 978-7-207-11470-9 |
| 定　　价 | 32.00 元 |

版权所有　侵权必究　　　　举报电话：(0451)82308054
法律顾问：北京市大成律师事务所哈尔滨分所律师赵学利、赵景波

# 摘　　要

（一）对《庄子》内篇内含字词的研究表明，①"精"字和"神"关联使用，说明其成书不早于《吕氏春秋》；②"神人"作为复合词在《庄子》内篇中多见，表明其成书在《淮南子》之后；③"鹏"字和"蝶"字的出现表明其成书不早于后汉；④"野马"作为一意象词出现，说明其成书当在汉末佛经《道行般若经》之后。

（二）对《庄子》内篇和《吕氏春秋》《淮南子》相同或相近文句进行的考察表明，《庄子》内篇成书应在《吕氏春秋》和《淮南子》之后。

（三）《庄子》内篇有几个重要观念：梦觉皆幻的世界观；以"丧我"为基础的"齐物"观；轮回解脱观。《庄子》内篇的这几个观念与古印度思想的相关观念极为相近，这表明它的成书年代当在印度思想成规模外传中国之后，也即公元前268年以后。这说明战国庄子不可能是《庄子》内篇的作者。

（四）本书认为，《庄子》内篇成书晚于《庄子》外杂篇，它应该是东汉之后，中国文人在印度文化、佛教思想影响下的作品。

# 目　　录

引言 ……………………………………………………………………（1）

第一章　从字词看《庄子》内篇的年代 …………………………（3）
　　一、理论上,文本内含之现行文字无法确定一个文本的年代先出 …（3）
　　二、历史文献不支持这种划分方案 ……………………………（8）
　　三、《庄子》内篇晚出的字词实例 ………………………………（18）

第二章　从文句的角度看《庄子》内篇与《淮南子》和《吕氏春秋》的先后
　　………………………………………………………………………（39）
　　一、《淮南子》《吕氏春秋》是绝好的对比支点 …………………（39）
　　二、《庄子》内篇与《淮南子》有极高的文献关联度 ……………（40）
　　三、"原文详而引文略"不能成立 ………………………………（49）
　　四、相同的意义不同的表达能反映两文本的先后 ……………（57）
　　五、《吕氏春秋》也有指标意义 …………………………………（70）

第三章　从基本观念看《庄子》内篇所属年代 …………………（74）
　　一、梦觉皆幻的世界观 …………………………………………（74）
　　二、建立于"丧我"之上的齐物观 ………………………………（88）
　　三、《庄子》内篇的轮回与解脱观念 ……………………………（106）
　　四、天人合一观念 ………………………………………………（122）

第四章　结论及对主流观点的回应 ………………………………（127）
　　一、结论 …………………………………………………………（127）
　　二、对主流观点的几个回应 ……………………………………（127）

— 1 —

# 独步庄门
## ——对《庄子》内篇成书年代的一种研究

**附　录** ·················································································· （133）
　　逍遥的三个层次——试论《庄子》内篇的结构 ·················（133）
　　"留动"还是"流动"？——对《庄子》哲学终极依托的一种解释 ……（142）
**后　记** ·················································································· （153）

# 引　言

　　自郭象以来，《庄子》内篇一直被认为是战国庄子自己的作品，外杂篇是庄子后学的续貂，从而内篇在前，外杂篇在后，一千多年来这种认识几成定论。但是，二十世纪六十年代这个问题却在中国大陆引起激烈争论。冯友兰先生等坚持主流观点，认为《庄子》内篇是庄子本人所作。[①] 任继愈先生独树己见，认为历史上的庄周的思想和观点主要保留在部分外杂篇中，而《庄子》内篇仅是庄子后学所作。[②] 二十世纪八十年代，刘笑敢教授以《庄子》内七篇只含"道""德""命""精""神"等单纯词而不含"道德""性命""精神"等复合词，但外杂篇却既含"道""德""性""命""精""神"等单纯词，也包含"道德""性命""精神"等复合词，从而认定《庄子》内篇在前，为战国庄子自作，而外杂篇在后，为庄子后学续成。[③] 刘氏的工作似乎为主流观点增加了重量级的砝码。但四十多年前论争激起的余波并未平息，一个显著的例子是，冯友兰氏的《中国哲学史新编》与任继愈氏主编的《中国哲学发展史》仍坚持各自的立场。[④] 随着近年来安徽阜阳和湖北江陵汉墓（均为西汉文帝时下葬）的发掘，一批文献被整理和发表，含《庄子》杂篇中只言片语的一些竹简残片率先问世。李学勤

---

　　① 冯友兰先生不把《庄子》的内篇和外杂篇作一个绝对的划分，而认为"庄之为庄"的精神体现在《逍遥游》和《齐物论》两篇中，不过从冯先生的总体思想看，他和主流观点没有什么明显的区别。参见冯友兰《论庄子》，载《庄子哲学讨论集》第 115~128 页，中华书局，1962 年。
　　② 参见任继愈《庄子探源》和《庄子探源之二》，载《庄子哲学讨论集》第 179~227 页，中华书局，1962 年。
　　③ 参见刘笑敢《庄子哲学及其演变》第 5~12 页，中国社会科学出版社，1987 年。
　　④ 参见冯友兰《中国哲学史新编》上册第 397~402 页，人民出版社，1998 年。又任继愈主编《中国哲学发展史·先秦》第 379~386 页，人民出版社，1983 年。

# 独步庄内
——对《庄子》内篇成书年代的一种研究

先生等据此对《庄子》内外杂篇的年代和作者归属有了新的看法。① 所有这些似乎给《庄子》研究者提供了某些暗示：现在再来讨论《庄子》内外杂篇的年代先后或许更有必要，也更有可能。

前人的工作为我们的研究构筑了很好的平台，但在二十一世纪的今天，用更科学合理的方法和从更广阔的视野来重新审视《庄子》各篇的年代构成无疑是当代中国哲学研究者不可推卸的责任。

本书将本着"回到事实本身"的态度，在文本的基础上，从字词、文句和基本观念三个方面对《庄子》内篇进行考察，力求使我们对《庄子》内篇的成书年代有一个更贴近"事实本身"的认识。

把《庄子》内篇作为一个整体来对待，认定它是一人所作，这几乎是学界的共识。王夫之对此有精辟的见解，②钟泰先生也有独到分析，③近人关锋虽政治口气过浓，但其能在《庄子》内篇中梳理出一个完整的思想体系，从而从理论上确定《庄子》内篇非一人不能作，仍不失可取之处。④ 前人已多有论述，限于篇幅，笔者把这一传统观点作为本研究探讨的前提，不作进一步的阐明。

---

① 参见李学勤《新发现的简帛佚籍对学术史的影响》，载陈鼓应主编《道家文化研究》第十八辑第5页，生活·读书·新知三联书店，2000年。
② 参见〔清〕王夫之著，王孝鱼点校《庄子解》第76页，中华书局，1964年。
③ 参见钟泰《庄子发微》第2页，上海古籍出版社，2002年。
④ 参见关锋《庄子哲学批判》，载《庄子哲学讨论集》第1～12页，中华书局，1962年。

# 第一章　从字词看《庄子》内篇的年代

## 一、理论上,文本内含之现行文字无法确定一个文本的年代先出

根据汉文字的演化特点来确定古代文本的年代是文本考证学的一个方向。二十世纪二三十年代钱穆先生的两篇文章《关于〈老子〉成书年代之一种考察》和《再论〈老子〉成书年代》就是一个相当有价值的开创性工作。[①] 稍后较有代表性的有杨伯峻先生,他对《列子》的文字考证工作对学界也有相当的影响。[②] 对于我们要讨论的《庄子》内篇来说,不能不提刘笑敢教授的《庄子思想及其演变》这本书。如前所述,刘氏认为,《庄子》内七篇只含"道""德""精""神""命"五个单纯词,而不含"道德""精神""性命"等复合词;与此同时,《庄子》外杂篇则既有"道""德""精""神""性""命"等单纯词,又有"道德""精神""性命"等复合词。他因此认定,《庄子》内篇为庄子本人的作品,而《庄子》外杂篇则为他的弟子的手笔。应该说,刘氏率先对《庄子》文本采用文字考证的方法来确定其年代的先后,开风气之先,确有它的价值所在。[③] 但从学术本身的角度来看,刘氏的工作理论上存在致命的漏洞,实际操作上也明显与真实的历史相违背。

---

① 该两文分别收入罗根泽编著的《古史辨·第四册》(见上海古籍出版社,1982年)和《古史辨·第六册》(见上海古籍出版社,1982年),同时收入钱氏自己的《庄老通辨》(见生活、读书、新知三联书店,2002年)。
② 参见杨伯峻《列子集释》第323~348页,中华书局,1979年。
③ 其实钱穆、徐复观两先生对此都有相当的意识。参见钱穆《庄老通辨》中卷,生活、读书、新知三联书店,2002年。又徐复观《两汉思想史》第一册《吕氏春秋》篇第七节和《淮南子》篇第四、第五节;华东师范大学出版社,2001年。又徐复观《中国人性论史·先秦篇》第十二章,上海三联书店,2001年。

# 独 步 庄 内
## ——对《庄子》内篇成书年代的一种研究

汉文字的产生和发展史告诉我们,开始时文字少,后来逐渐增多;单字(音)词(刘氏所谓单纯词)出现在前,双字、多字(双音、多音)词(刘氏所谓复合词)出现在后。这一点是学界共识,无须再议。目前值得讨论的是,能否根据一个文本中内含之个别语词的特点确定它的产出年代的先后。刘氏的理论前提是,可以根据文本内含的个别语词确定它的先出。笔者认为,根据文本内含的语词只可以确定一个文本的后出,而无法确定它的先出。

让我们先来看看附图一:

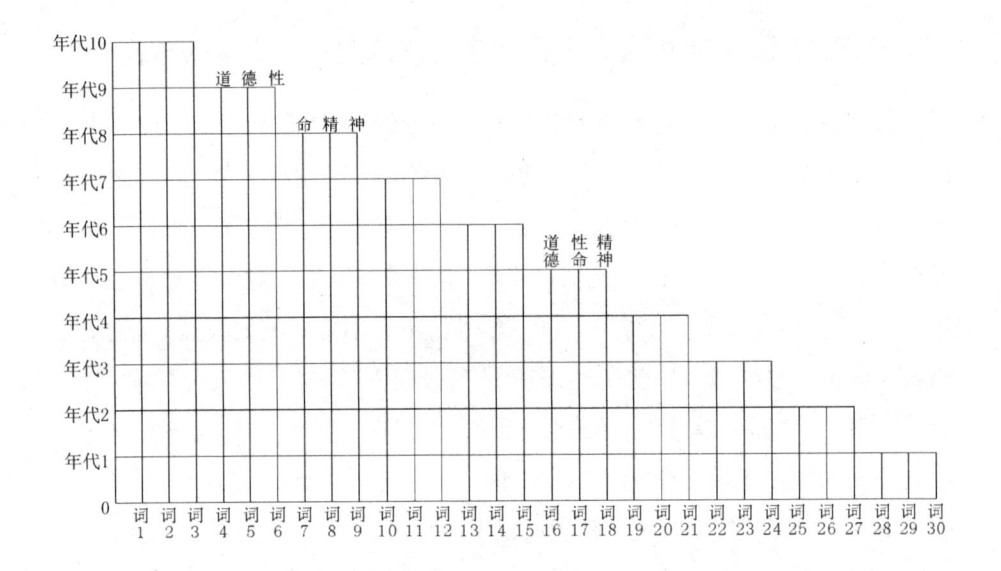

图一　汉字字词发生示意图

图一中的纵坐标表示时间,原点表示当代,年代1、年代2、年代3……表示时间点。横坐标表示现代汉语语境中所有可能的语词(即一部理想的汉语词典),词1、词2、词3……代表理想词典中相应的词。图中的纵向线表示某词的时间历程。如词5上方的纵线表示词5这个词产生于年代9而一直沿用到现代;图中的横向线表示某一特定年代语境中所有可能的词。当一横线与一纵线相交,说明在该年代的文本中有可能出现该词,当一横虚线未与一纵虚线相交,说明在该年代的文本中不可能出现该词。如在年代2的文本中可能出现的词有27个,而在年代8的文本中可能出现的词只有9个。需要特别指出的

— 4 —

## 第一章 从字词看《庄子》内篇的年代

是,某一年代语境中可能出现的词并不必然出现在该年代的每一个文本中。这就像我们现在写一本书,理论上虽然我们可以把汉语词典中所有词全部用上,但事实上我们总是只能有选择地使用词典中相对有限的一部分词。从图中可以看出,对于一个沿用至今的词,我们可以十分确定地说,内含它的任何一个文本最早不会早于某一年代;但对于内含它的任何一个文本我们无法确定该文本不会晚于某一年代(除非我们非要说它不晚于今日此刻)。比如我们可以说,包含词11的任何一个文本不会早于年代7,但我们无法说,包含词4的任一文本不会晚于年代9。即使某一文本只包含词1、词2、词3等一些最早出现的词,我们也无法确定该文本早出。道理很简单,年代偏晚的人仍然可以只用这些最原始的语词来组织一篇文章或一个文本(他这样做,或许是他刻意要这样做,或许是这些原始的词已足以满足他的意愿。从文字考证学的角度上说,它们具有同样的意义)。我们认为,那种认为可以通过文本中现行词的特点来确定一个文本早出的观点在理论上有极大的漏洞。一个文本只包含早出的词是该文本早出的必要条件,而不是它的充分条件。对于历史上一直通行的语词,它们就可能出现也可能不出现在自它出现以来的任何历史时段。①回到我们的主题,我们只能说含"道德""精神""性命"(在图一中,它们分别相当于词16、词17和词18)这些复合词的文本产出年代不会早于某一时限(在图一中,为年代5),但我们没有理由说,只含"道""德""精""神""性""命"(在附图一中,它们分别相当于词4、词5、词6、词7、词8和词9)这些单纯词的文本就一定早于既含"道""德""精""神""性""命"又含"道德""性命""精神"这些复合词的文本。如附图一,我们可以说,作为一个文本整体的《庄子》外杂篇,②由于它含"道德""精神""性命"这些复合词,它的成书年代必定在年代5以后。但我们不能说只包含"道""德""精""神""性""命"而不包含"道德""精神""性命"的《庄子》内篇就一定成书在年代5之前,因为我们完全可以在"道德""精神""性命"出现以后,比如说在年代4、年代3,甚至年代2、年

---

① 如果文本中包括一些已在特定时期被废弃的语词,则这些特定的词可以作为判断一文本早出的证据,本书不讨论这种情况。

② 从《庄子》外杂篇的内容构成看,它很难被作为一个整体文本来看待。

# 独步庄内
——对《庄子》内篇成书年代的一种研究

代1中找到只包含"道""德""精""神""性""命"而不包含"道德""精神""性命"的文本(后面我们将给出这样的例子)。我们甚至于可以自己编一个只包含"道""德""精""神""性""命"而不包含"道德""精神""性命"的当代文本以证明这种结论的不成立。

刘氏结论较能动人的地方是他罗列了一批数据,指出先秦各经典如《左传》《论语》《墨子》《老子》《孟子》均只程度不同地包含"道""德""精""神""性""命"等单纯词,而都不含"道德""精神""性命"等复合词,在更早的先秦文献如《尚书》《诗经》《国语》中情况也是如此。而在战国中期,即孟子以后的文献中(如《荀子》《韩非子》《吕氏春秋》及更晚的陆贾《新语》《淮南子》《论衡》)则都不同程度地出现了"道德""精神""性命"这些复合词,而庄子与孟子为同年代之人。刘氏的结论因此似乎有很强的说服力。① 但笔者要指出的是,因《尚书》《诗经》《国语》《左传》《论语》《墨子》《孟子》等及其以前的先秦经典不含"道德""性命""精神"等复合词,我们可以正确地归纳说,战国中期及

---

① 参见刘笑敢《庄子哲学及其演变》第8~11页,中国社会科学出版社,1987年。

## 第一章　从字词看《庄子》内篇的年代

其以前的文献都不含"道德""性命""精神"等复合词，①但如果我们进一步说，凡不含"道德""性命""精神"等复合词的文献都是战国中期以前的作品，那就可能犯一个常识性的逻辑错误：以必要条件代替充分条件。这个道理有点像如下的比方：古人都不会跳现代舞（对）；不会跳现代舞的都是古人（错）。

---

① 虽然《郭店楚简·唐虞之道》中有"性命"一词出现，但学界对《郭店楚简》年代归属尚未有最后定论。李学勤、庞朴等为代表的大多数的意见倾向于把《郭店楚简》往前推，认为它们至少应在公元前300年左右以前成篇，比《孟子》为早（参见《中国哲学》编委会《郭店楚简研究——中国哲学第二十辑》，辽宁教育出版社，2000年）。但笔者却倾向于少数派的意见，犹以王葆玹先生的见解为独到。王氏认为："《六德》一篇是公元前二七八年至公元前二二七年之间的作品，包括《六德》在内的郭店楚简各篇入葬于公元前二七八年以后、公元前二二七年以前，时间略晚于《六德》的撰作。各篇中《性自命出》《尊德义》《唐虞之道》《忠信之道》四篇的年代早于《荀子》，很可能早于公元前二七八年。"（王葆玹：《试论郭店楚简各篇的撰作年代及其背景——兼论郭店及包山楚简的年代问题》，载《郭店楚简研究》，《中国哲学》第二十辑，第389页。相似的观点也见于王葆玹氏所著的《老庄学新探》中，详见该书第二章。上海文艺出版社，2002年）王氏虽未明言郭店楚简各文本均晚于《孟子》，但做这样的推论应在情理之中。学界曾因《郭店楚简·唐虞之道》中有"养性命之正"之说，而推论《庄子》外杂篇基本为庄子本人所作（此以丁四新博士为代表，详见丁四新《郭店楚墓竹简思想研究》第25~26页，东方出版社，2000年）。丁四新的观点以郭店楚简早出为前提。如果王葆玹等的观点确有成立之事实和逻辑依据，则丁氏等的判定则仍只能是一家之言。以笔者之浅见，虽然刘笑敢氏对《庄子》内篇与外杂篇的年代划分方案有极大的漏洞，但他所坚持的"复合词比单纯词晚出"的理论无疑是正确的。如果刘笑敢氏因《庄子》内篇不含某些复合词而外杂篇含某些复合词而认定内篇在前、外杂篇在后是犯了以必要条件代替充分条件的逻辑错误的话，丁四新氏仍然没有给出《庄子》全文本为庄子所作的充分证明，充其量不过是新一轮的辩护而已。正如笔者已经强调指出的那样，文本内含的现行词无法证明一个文本早出。《庄子》外杂篇内容博杂，与内篇及相互之间互不相容甚至矛盾的地方不在少数。前人之述备矣！置这样简单的事实不顾，非要把这样一盘杂烩归于一人之名下，除了难以名状的崇古心理之外，大概只能感叹时下学问的不求甚解了。单从"性命"一词的具体演化脉络来看，孔子论"性"的地方不多，所谓"夫子之文章可得而闻也，夫子之言性与天道不可得而闻也！"（《公冶长》），但《论语》年代的"性"和"命"无疑是对峙的："道之将行也与，命也；道之将废也与，命也。公伯寮其如命何？"（《宪问》）《孟子》中"性"和"命"仍然是对立的。"尽其心者，知其性也，知其性，则知天矣。存其心，养其性，所以事天也。夭寿不贰，修身以俟之，所以立命也。"（《尽心上》）又说："求则得之，舍则失之，是求有益于得也，求在我者也。求之有道，得之有命，是求无益于得也，求在外者也。"（《尽心上》）郭店楚简的"性""命"与孔孟年代有显著的变化。《性自命出》中说："性自命出，命自天降。""性"与"命"似乎已化解对峙，相即相融。《中庸》说："天命之谓性，率性之谓道，修道之谓教。"不难看出，郭店楚简的"性命"观与《中庸》极为相近。冯友兰先生认为，《中庸》应在《孟子》之后，为孟子后学之作（参见冯友兰《中国哲学史》上册第273~278页，华东师范大学出版社，2000年。冯氏的《中国哲学史新编》仍坚持其原有观点，足见其对该观点的信心。参见该书中册第129页，人民出版社，1998年）。"性命"作为一复合词应大致就出在《中庸》和《郭店楚简》的年代。再进到《吕氏春秋》年代，"性"与"命"就进一步一体化。"性命"或"性命之情"成为我们在《吕氏春秋》和《淮南子》中常见的名词（《荀子》和《韩非子》中均已有"性命"一词出现）。回顾"性命"一词的演变历程，把郭店楚简的年代放在《孟子》之后、《吕氏春秋》之前应具有相当的合理性。

— 7 —

# 独步庄内
## ——对《庄子》内篇成书年代的一种研究

### 二、历史文献不支持这种划分方案

让我们回到历史中去,看看历史的真实状况,对刘氏这一观点的文献上的反驳来自三个方面。

第一,《尚书》中都只含"道""德""精""神""性""命"这些单纯词,而不含"道德""精神""性命"这些复合词词。但一个举世皆知的事实是,现行的《尚书》为东晋梅赜所献,共五十八篇,其中的二十五篇经历代学者前赴后继进行驳难,最后被清代考据大师阎若璩锁定为梅赜所伪撰。[①]《伪古文尚书》由东晋人所造证据确凿,学界也已一致承认。虽然《伪古文尚书》的文风与《今文尚书》有明显差异,不过它显然能满足刘笑敢教授的判断文本先出的条件。因为整个这二十五篇《伪古文尚书》也都只包含"道""德""精""神""性""命"这些单纯词而没有"道德""精神""性命"这些复合词,按刘先生的逻辑,这些伪古文尚书只能是庄子以前的作品,不可能是东晋人的手笔。不知刘先生对此有怎样的解释?

第二,在刘氏所列举的既含"道""德""精""神""性""命"等单纯词又含"道德""性命""精神"等复合词的文献中(如《荀子》《韩非子》和《吕氏春秋》),并非所有的卷章都含"道德""性命""精神"等复合词,我们是否也能据此把只含"道""德""精""神""性""命"的卷章归入《孟子》以前呢?如果在《荀子》《韩非子》《吕氏春秋》中不能如此应用,那在《庄子》中如此应用的理据何在呢?下面笔者不厌其烦,把两汉前后一些主要的有道家色彩的文献中"道德""性命""精神"等的使用情况作一个统计。笔者意图表明:在所有这些文献中,总是只有部分卷章含"道德""性命""精神"等复合词(虽然各本程度不同),而余下的卷章则不含这些复合词。《庄子》书中使用"道德""性命""精神"等复合词的情况与两汉前后所有的相关文献并无区别。像下列各家文献中不含这些复合词的卷章一样,《庄子》内七篇不含"道德""性命""精神"这些复合词可能仅仅是巧合而已,凭这些复合词本身的有无构不成孰先孰后的依据。

---

[①] 参见梁启超《古书真伪及其年代》第89页,载《饮冰室合集》卷12,中华书局,1989年;又江灏、钱宗武译注,周秉钧审校《今古文尚书全译》第6页,贵州人民出版社,1990年;又周秉钧注译《尚书》第3页,岳麓书社,2001年。

## 表一 《庄子》各篇相关复合词使用统计[①]

| 篇名 | 道德 | 性命 | 精神 |
|---|---|---|---|
| 逍遥游 | | | |
| 齐物论 | | | |
| 养生主 | | | |
| 人间世 | | | |
| 德充符 | | | |
| 大宗师 | | | |
| 应帝王 | | | |
| 骈拇 | 3 | 3 | |
| 马蹄 | 2 | | |
| 胠箧 | | | |
| 在宥 | | 5 | |
| 天地 | | | |
| 天道 | 4 | | 2 |
| 天运 | | 1 | |
| 刻意 | 1 | | |
| 缮性 | | 1 | |
| 秋水 | | | |
| 至乐 | | | |
| 达生 | | | |
| 山木 | 3 | | |
| 田子方 | | | |
| 知北游 | | 1 | 2 |
| 庚桑楚 | 1 | 1 | |
| 徐无鬼 | | | |
| 则阳 | | | |
| 外物 | | | |

---

[①] 统计数据来自刘笑敢《庄子哲学及其演变》第8页,中国社会科学出版社,1987年。空格为零,下列各表格相同。

# 独步庄内
## ——对《庄子》内篇成书年代的一种研究

续表

| 篇名 | 道德 | 性命 | 精神 |
|---|---|---|---|
| 寓言 |  |  |  |
| 让王 | 1 |  |  |
| 盗跖 |  |  |  |
| 说剑 |  |  |  |
| 渔夫 |  |  |  |
| 列御寇 |  |  | 2 |
| 天下 | 1 |  | 1 |

表二 《吕氏春秋》各卷相关复合词使用统计[①]

|  | 道德 | 性命 | 精神 |
|---|---|---|---|
| 卷一 |  | 2 |  |
| 卷二 |  |  |  |
| 卷三 |  |  | 1 |
| 卷四 |  |  |  |
| 卷五 |  |  |  |
| 卷六 |  |  |  |
| 卷七 |  |  |  |
| 卷八 |  |  | 1 |
| 卷九 |  |  |  |
| 卷十 | 1 |  |  |
| 卷十一 |  |  |  |
| 卷十二 |  |  |  |
| 卷十三 |  | 2 |  |
| 卷十四 | 1 |  |  |
| 卷十五 |  |  |  |
| 卷十六 |  | 1 |  |
| 卷十七 |  | 4 |  |

[①] 此表及后列各表中统计数据均来自中山大学《四库全书》网络版。

续表

| 篇名 | 道德 | 性命 | 精神 |
|---|---|---|---|
| 卷十八 | | | |
| 卷十九 | | | |
| 卷二十 | | | |
| 卷二十一 | | | |
| 卷二十二 | | | |
| 卷二十三 | | | |
| 卷二十四 | | | |
| 卷二十五 | | 2 | |
| 卷二十六 | | | |

表三　《荀子》中相关复合词使用统计

| | 道德 | 性命 | 精神 |
|---|---|---|---|
| 卷一 | 1 | | |
| 卷二 | | | |
| 卷三 | | | |
| 卷四 | 2 | | |
| 卷五 | 1 | | |
| 卷六 | | | |
| 卷七 | 1 | | |
| 卷八 | | | |
| 卷九 | | | |
| 卷十 | 1 | | |
| 卷十一 | 3 | | |
| 卷十二 | 1 | | |
| 卷十三 | | | |
| 卷十四 | | | |
| 卷十五 | | | |
| 卷十六 | | | |
| 卷十七 | | | |

# 独步庄内
## ——对《庄子》内篇成书年代的一种研究

续表

|  | 道德 | 性命 | 精神 |
|---|---|---|---|
| 卷十八 | 1 |  | 2 |
| 卷十九 |  |  |  |
| 卷二十 | 1 | 1 |  |

**表四 《韩非子》相关复合词使用统计**

|  | 道德 | 性命 | 精神 |
|---|---|---|---|
| 卷一 |  |  |  |
| 卷二 |  |  |  |
| 卷三 |  |  |  |
| 卷四 | 1 |  |  |
| 卷五 |  |  |  |
| 卷六 |  |  |  |
| 卷七 |  |  |  |
| 卷八 |  |  | 9 |
| 卷九 |  |  | 1 |
| 卷十 |  |  |  |
| 卷十一 |  |  |  |
| 卷十二 |  |  |  |
| 卷十三 |  |  |  |
| 卷十四 |  |  |  |
| 卷十五 |  |  |  |
| 卷十六 |  |  |  |
| 卷十七 |  |  |  |
| 卷十八 |  |  |  |
| 卷十九 | 1 | 1 |  |
| 卷二十 |  |  |  |

## 表五　贾谊《新书》相关复合词使用统计

|  | 道德 | 性命 | 精神 |
|---|---|---|---|
| 卷一 |  | 1 |  |
| 卷二 |  |  |  |
| 卷三 |  |  |  |
| 卷四 |  |  |  |
| 卷五 |  |  |  |
| 卷六 | 1 |  |  |
| 卷七 |  |  |  |
| 卷八 | 9 |  |  |
| 卷九 |  |  |  |
| 卷十 |  |  |  |

## 表六　《淮南子》相关复合词使用统计

|  | 道德 | 性命 | 精神 |
|---|---|---|---|
| 卷一 |  | 4 | 5 |
| 卷二 | 2 | 5 | 2 |
| 卷三 |  |  |  |
| 卷四 |  |  |  |
| 卷五 |  |  |  |
| 卷六 | 3 |  | 2 |
| 卷七 | 1 | 1 | 17 |
| 卷八 | 4 | 2 | 3 |
| 卷九 |  |  | 2 |
| 卷十 |  |  |  |
| 卷十一 | 4 | 1 |  |
| 卷十二 |  |  | 2 |
| 卷十三 | 4 |  | 1 |
| 卷十四 |  | 1 |  |
| 卷十五 |  |  |  |
| 卷十六 | 2 |  |  |

# 独步庄内
## ——对《庄子》内篇成书年代的一种研究

续表

| | 道德 | 性命 | 精神 |
|---|---|---|---|
| 卷十七 | 1 | | |
| 卷十八 | | | |
| 卷十九 | | 1 | 2 |
| 卷二十 | 2 | 1 | 2 |
| 卷二十一 | | 1 | |

**表七 《论衡》相关复合词使用统计**

| | 道德 | 性命 | 精神 |
|---|---|---|---|
| 卷一 | 3 | 1 | |
| 卷二 | 1 | 3 | |
| 卷三 | 2 | 4 | |
| 卷四 | | | 1 |
| 卷五 | | | 2 |
| 卷六 | | | |
| 卷七 | | 1 | 6 |
| 卷八 | | | |
| 卷九 | 2 | 1 | 2 |
| 卷十 | | 1 | |
| 卷十一 | 2 | | |
| 卷十二 | 1 | | |
| 卷十三 | | | |
| 卷十四 | | | |
| 卷十五 | | | 2 |
| 卷十六 | | | 6 |
| 卷十七 | 2 | | |
| 卷十八 | 1 | 1 | |
| 卷十九 | 2 | 1 | |
| 卷二十 | | | 37 |
| 卷二十一 | | | 6 |

续表

| | 道德 | 性命 | 精神 |
|---|---|---|---|
| 卷二十二 | | | 7 |
| 卷二十三 | | | |
| 卷二十四 | 2 | | |
| 卷二十五 | | | 3 |
| 卷二十六 | 1 | | |
| 卷二十七 | 1 | | 1 |
| 卷二十八 | 1 | | |
| 卷二十九 | 1 | | 1 |
| 卷三十 | | 2 | |
| 卷三十一 | | 1 | |

表八　王符《潜夫论》相关复合词使用统计

| | 道德 | 性命 | 精神 |
|---|---|---|---|
| 卷一 | 4 | | |
| 卷二 | | | |
| 卷三 | | | 3 |
| 卷四 | | | |
| 卷五 | | | |
| 卷六 | | 3 | 4 |
| 卷七 | 1 | | |
| 卷八 | 2 | 1 | |
| 卷九 | | | |
| 卷十 | | 1 | |

表九．刘劭《人物志》相关复合词使用统计

| | 道德 | 性命 | 精神 |
|---|---|---|---|
| 序 | | | |
| 上卷 | | | 1 |
| 中卷 | 3 | | |

# 独步庄内
——对《庄子》内篇成书年代的一种研究

续表

|  | 道德 | 性命 | 精神 |
|---|---|---|---|
| 下卷 |  |  |  |
| 后序 |  |  |  |

### 表十 《曹子建集》相关复合词使用统计

|  | 道德 | 性命 | 精神 |
|---|---|---|---|
| 卷一 | 1 | 1 |  |
| 卷二 |  | 1 |  |
| 卷三 |  |  |  |
| 卷四 |  | 2 |  |
| 卷五 |  |  |  |
| 卷六 |  | 1 |  |
| 卷七 |  |  |  |
| 卷八 |  |  |  |
| 卷九 |  |  | 1 |
| 卷十 |  |  |  |

### 表十一 何晏《论语注》相关复合词使用统计

|  | 道德 | 性命 | 精神 |
|---|---|---|---|
| 卷一 | 1 |  |  |
| 卷二 | 1 |  |  |
| 卷三 |  |  |  |
| 卷四 |  |  |  |
| 卷五 |  |  |  |
| 卷六 |  |  |  |
| 卷七 |  |  |  |
| 卷八 |  |  |  |
| 卷九 | 1 |  |  |
| 卷十 |  |  | 1 |
| 卷十一 |  |  |  |

## 第一章 从字词看《庄子》内篇的年代

续表

|  | 道德 | 性命 | 精神 |
|---|---|---|---|
| 卷十二 |  |  |  |
| 卷十三 |  |  |  |
| 卷十四 |  |  |  |
| 卷十五 |  |  |  |
| 卷十六 |  |  |  |
| 卷十七 |  |  |  |
| 卷十八 |  |  |  |
| 卷十九 |  |  |  |
| 卷二十 |  |  |  |

第三,《庄子》文本本身就已经对刘氏的结论提出了强有力的反驳。

正如张松辉所指出的那样,《庄子》外杂篇中出现"道德""性命""精神"等复合词的篇数仅为十三篇,另外的十三篇并不含"道德""性命""精神"等复合词。[1] 有无"道德""性命""精神"这三个复合词是刘先生划分年代先后的最为重要的理据,而同为《庄子》,为什么《庄子》内篇因不含这三个复合词而归于庄子本人的作品,而同样不含这三个复合词的外杂篇却又归于庄子后学。刘氏对此的解释虽然也很详尽,解释却极其牵强。[2] 其基本点仍是,之所以内七篇归入庄子本人而十三篇不含相关复合词的外杂篇归于庄子后学是基于它们的内容和思想脉络。[3] 我们知道二十世纪六十年代对《庄子》成书时间的讨论及其最后的分歧就在于对庄学的思想线索和内容无法达成共识所致。[4] 通观刘氏的论述,未见其在庄学的思想内容上提出足以确定其年代的新见解。我们似乎还是在原地绕圈。

---

[1] 参见张松辉《庄子考辨》第 13 页,岳麓书社,1997 年。
[2] 如刘氏说:"学生关于老师的言行的记述,只能附在先生文章的后面,只有在学生自己的作品中,才能放在篇首和篇中。"参见刘笑敢《庄子哲学及其演变》第 14 页,笔者无法理解这种结论的理论依据,刘氏也未给出任何实例陈述。大概只能算是作者的主观期望罢了!
[3] 参见刘笑敢《庄子哲学及其演变》第 13 页,中国社会科学出版社,1987 年。
[4] 这次大讨论归结成一书,《哲学研究》编辑部编辑:《庄子哲学讨论集》,中华书局,1962 年。

# 独步庄内
## ——对《庄子》内篇成书年代的一种研究

### 三、《庄子》内篇晚出的字词实例

即使我们退一步，承认只要一个文本中所有的词都是早出的词，该文本具有早出的高概率性，但它的前提是必须对文本中所有词语一一判定。当一个文本中所有的词经过鉴定确定都为早出之词，我们或许可以有保留地说，该文本极有可能是一个早出的文本。理论上，任何一个晚出的词的存在就会证明一个文本的晚出。在这一点上，刘氏结论的错误就在于，他并没有对他要进行辩护的《庄子》内篇的所有词语的发生演化史一一进行考察，从而得出它们早出的高概率性。仅以"道德""性命""精神"这几个复合词的缺失作为《庄子》内篇早出的依据是与刘氏所试图展示的他的结论的科学性背道而驰的。

下面，笔者将对《庄子》内篇中几个有代表性的词汇的发生学进行讨论，以求获得《庄子》内篇成书年代的积极性的依据。（某词语的缺失严格意义上说不能作为作品产出年代依据，充其量只能算是一个消极性的依据。）从中可以显示出《庄子》内篇并不像人们所习惯认为的那样早出。

（一）"精"字和"神"字的关联使用不早于"精神"这一复合词的出现

我们知道，单纯词比有关的复合词出现要早，这一条结论无疑是正确的。但我们也知道，任何一个复合词都有一个首次出现的时间。该复合词出现后就会形成新的语境，但新语境形成后的所有文本并不都会出现该复合词。不过在某种情况下，尽管这一复合词没有出现，却也可以从相关的单纯词关联使用的情况判断出这一复合词在该语境中已经存在。

对我们的问题来说，虽然"精"和"神"这两个单纯词单独出现的时间无疑比"精神"这个复合词要早得多，"精神"这个复合词大约出现在《吕氏春秋》年代。在吕子之前，"精"和"神"似乎从来没有被连带使用过，也没有相关联的意义。《说文》"精，择也"，[1]故司马彪说"简米曰精"。[2] 吕子之前的中国先秦，"精"字基本都在"精细""精良""精选"这个意义上被使用。[3] "神"字在

---

[1] 〔汉〕许慎撰，〔宋〕徐铉校定：《说文解字》第147页，中华书局影印，1963年。

[2] 参见王先谦、刘武《庄子集解 庄子内篇补正》第44页，中华书局，1987年。

[3] 《郭店楚简》中的《老子》没有"精"字，马王堆帛书《老子》21章说"恍兮惚兮，中有物兮，窈兮冥兮，中有情兮。其情甚真，其中有信。"也无"精"字。参见香港中文大学《郭店楚简资料库》，载 bamboo. lib. cuhk. edu. hk/ 3K 2004 – 6 – 22；又高明《帛书老子校注》第451页，中华书局，1996年。

## 第一章　从字词看《庄子》内篇的年代

中国先秦主要是指"鬼神""天神"。《说文》："神：天神，引出万物者也。"①"神"字主要当具体名词用。《论语》中"精"字只出现过一次："食不厌精，脍不厌细。"②"神"字主要是指"鬼神""神灵"（如"祭神如神在"）③。"精"与"神"之间并无干系。《孟子》全文无"精"字。《孟子》中的"神"字除原有"鬼神""神灵"等具体意义外又出现新的意涵："夫君子所过者化，所存者神，上下与天地同流，岂曰小补之哉？"④"可欲之谓善，有诸己之谓信，充实之谓美，充实而有光辉之谓大，大而化之谓圣，圣而不可知之之谓神。"⑤"神"字具有了"神奇""神化"的抽象意义。《郭店楚简》有一"精"字。《郭店楚简·缁衣》："精知，略而行之。""精"字仍不出传统意义。⑥《郭店楚简》的"神"字主要出现在《太一生水》篇中，与"明"字组成一复合词"神明"。尽管对"神明"一词的确切意义存有争议，⑦但该处的"神"字显然没有与"精"字取得任何意义关联。不管怎么说，在《吕氏春秋》之前，"精"和"神"既没有连用的成例，也没有相关联的意义。

　　从《吕氏春秋》开始，不独"精"和"神"这两个单纯词开始连用，且它们获得了前所未有的新义。从《吕氏春秋》起，"精"开始表示天地之间的一种能相互感应有某种灵性的类似气状的一种东西。⑧《吕氏春秋》有很多对它的描述：

---

① 〔汉〕许慎撰，〔宋〕徐铉校定：《说文解字》第8页，中华书局影印，1963年。
② 《论语·乡党》。
③ 《论语·八佾》。
④ 《孟子·尽心上》。
⑤ 《孟子·尽心下》。
⑥ 李零：《郭店楚简校读记》（增订本）第63页，北京大学出版社，2002年。
⑦ 参见李零《郭店楚简校读记》（增订本）第36～37页，北京大学出版社，2002年。
⑧ 《管子》中《内业》《心术》《白心》等篇"精"和"神"也经常连用。郭沫若先生等认为它们是齐国樱下学派的作品。（参见郭沫若《十批判书·稷下黄老学派的批判》，载《中国古代社会研究》下第744～774页，河北教育出版社，2000年。）但从《内业》含有"道德"这个复合词来看（赵守正：《管子注译》第79页，广西人民出版社，1987年），它们至少应该与《吕氏春秋》年代相近，为战国末年的作品；从其包含"凡人之生也，天出其精，地出其形，合此以为人"这一表达来看（赵守正：《管子注译》第79页，广西人民出版社，1987年），则似乎应和《淮南子》同时或以后，无疑已属汉以后的作品了。钱穆先生就持这一看法。（参见钱穆《庄老通辨》第207页及第212～213页，生活、读书、新知三联书店，2002年。）罗根泽先生也认为上述《管子》诸篇为战国中世以后的作品。（参见罗根泽《罗根泽说诸子》第290页，上海古籍出版社，2001年。）

# 独步庄内
## ——对《庄子》内篇成书年代的一种研究

> 何以说天道之圜也？精气一上一下，圜周复杂，无所稽留，故曰天道圜。①

> 精气之集也，必有入也。集于羽鸟，与为飞扬；集于走兽，与为流行；集于珠玉，与为精朗；集于树木，与为茂长；集于圣人，与为敻明。②

> 圣人南面而立，以爱利民为心，号令未出，而天下皆延颈举踵矣，则精通乎民也。夫贼害于人，人亦然。今夫攻者，砥厉五兵，侈衣美食，发且有日矣，所被攻者不乐，非或闻之也，神者先告也。③

"精"似乎是天所固有。各种生命之中也都分有这样的"精气"，而这时的"神"似乎指的就是"精"所具有的一种作用。于是"精"与"神"得以连用并具相关联之意义。人因"精"而可与天地万物相感通从而"神"，圣人可通过主观上的"精诚"的功夫达至客观上化人感物、"无为而治"的效果。④ 而圣人要注意节省嗜欲，保养好自己的"精"和"神"，才能够颐养天性，"矜服性命之情"。故《吕氏春秋·尽数》说：

> 毕数之务，在乎去害。何谓去害？大甘、大酸、大苦、大辛、大咸，五者充形则生害矣。大喜、大怒、大忧、大恐、大哀，五者接神则生害矣。大寒、大热、大燥、大湿、大风、大霖、大雾，七者动精则生害矣。⑤

所以：

> 圣人察阴阳之宜，辨万物之利以便生，故精神安乎形，而年寿得长焉。⑥

---

① 〔汉〕高诱注，〔清〕毕沅校，余翔标点：《吕氏春秋》第54页，上海古籍出版社，1996年。
② 〔汉〕高诱注，〔清〕毕沅校，余翔标点：《吕氏春秋》第47页，上海古籍出版社，1996年。
③ 〔汉〕高诱注，〔清〕毕沅校，余翔标点：《吕氏春秋》第142页，上海古籍出版社，1996年。
④ 徐复观先生对此有很好的梳理。参见徐复观《两汉思想史》第二册第29~30页，华东师范大学出版社，2001年。
⑤ 〔汉〕高诱注，〔清〕毕沅校，余翔标点：《吕氏春秋》第47页，上海古籍出版社，1996年。
⑥ 〔汉〕高诱注，〔清〕毕沅校，余翔标点：《吕氏春秋》第46~47页，上海古籍出版社，1996年。

## 第一章 从字词看《庄子》内篇的年代

我们看到只有到了《吕氏春秋》中,"精"和"神"才连贯使用,且形成了密切的意义关联。而一旦"精"字与"神"字连带使用,并取得意义关联时,"精神"这一复合词也就在它们的语境中自动形成了,这之间似乎并没有什么时间差。①

《韩非子》中"精"与"神"关联使用:"是以智士俭其用则家富,圣人爱其神则精盛"②。而同时"精神"作为复合词在《韩非子》共十见。③

《淮南子》中,"精神"这一复合词作为一核心概念被广泛使用。《淮南子·精神训》:

> 是故精神者,天之有也;而骨骸者,地之有也。精神入其门,而骨骸反其根,我尚何存?④

又说:

> 夫孔窍者,精神之户牖也,而气志者,五藏之使候也。耳目淫于声色之乐,则五藏摇动而不定矣;五藏摇动而不定,则血气滔荡而不休矣;血气滔荡而不休,则精神驰骋于外而不守矣;精神驰骋于外而不守,则祸福之至,虽如丘山,无由识之矣。使耳目精明玄达而无诱慕,气志虚静恬愉而省嗜欲,五藏定宁充盈而不泄,精神内守形骸而不外越,则望于往世之前,而视于来事之后,犹未足为也,岂直祸福之间哉?故曰:其出弥远者,其知弥少。以言夫精神之不可使外淫也。⑤

但"精"和"神"仍有分立而关联使用的情况。如《淮南子·精神训》:

---

① 《荀子》中"精神"一词两见,但没有"精"与"神"相关联使用的情况。荀子的主要活动年代应在《吕氏春秋》之前,但《荀子》中含有"精神"这一复合词的《成相》篇和《赋》篇是否为荀子所作向来就是一个问题。张西堂先生就认为这两篇与儒家的荀子无关。(参见张西堂《荀子劝学篇冤词》,载罗根泽编著《古史辨第六册》第150页,上海古籍出版社,1982年。)以笔者浅见,即便该两篇为荀子所作,也应为荀子晚年留居楚国时的作品,时间在《吕氏春秋》同时或之后。这与我们的结论不矛盾。
② 〔清〕王先慎撰,钟哲点校:《韩非子》第151页,中华书局,1998年。
③ 参见刘笑敢《庄子哲学及其演变》第13页,中国社会科学出版社,1987年。
④ 何宁撰:《淮南子集释》中卷第503~504页,中华书局,1992年。
⑤ 何宁撰:《淮南子集释》中卷第512~513页,中华书局,1992年。

# 独步庄内
## ——对《庄子》内篇成书年代的一种研究

　　故以死生为一化,以万物为一方,同精于太清之本,而游于忽区之旁。有精而不使,有神而不行,契大浑之朴,而立至清之中。是故其寝不梦,其智不萌,其魄不抑,其魂不腾。①

不难看出,其中的"精"和"神"的意义都与"精神"这一复合词相关联。

　　"精""神"和"精神"的这种关系一直保持至今。如曹植《洛神赋》的"于是精移神骇,忽焉思散"②,以至于今天我们常说的成语"聚精会神"都是这种关系。

　　由以上分析,我们可以做这样的结论:当"精"和"神"这两个单纯词关联出现在上下文中,且它们的内涵与"精神"这一复合词相关联时,此时的语境中已有了"精神"这一复合词。

　　回到《庄子》内篇,《庄子》内篇中"精"字只出现两次,其一为《人间世》的"鼓荚播精",与我们的问题没有关系。其二出现在《德充符》中:

　　庄子曰:"道与之貌,天与之形,无以好恶内伤其身。今子外乎子之神,劳乎子之精,倚树而吟,据槁梧而瞑。天选子之形,子以坚白鸣。"

这里,"精"和"神"连贯而出,它们的意义也就是"精神"的意义。"外乎子之神,劳乎子之精"与前述《淮南子·精神训》中的"有精而不使,有神而不行"是完全相同的句法。由我们上面的分析可知,尽管《庄子·德充符》文本中没有出现"精神"这一复合词,但在《庄子》内篇作者的语境中很显然已有了"精神"这一复合词的存在。我们可因此断定《庄子·德充符》应是《吕氏春秋》时期或以后的作品。

　　同样值得指出的是,后世的"精神"一词 在《孟子》中相当于"气"或"气志"。孟子说:"吾善养吾浩然之气,……其为气也,至大至刚,以直养而无害,则塞于天地之间。"③这里的"吾善养吾浩然之气"无异于说"我善于培养我伟

---

① 何宁撰:《淮南子集释》中卷第 524~525 页,中华书局,1992 年。
② 林俊荣:《魏晋南北朝文学作品选》第 121 页,吉林人民出版社 1980 年。
③ 《孟子·公孙丑下》。

第一章 从字词看《庄子》内篇的年代

大之精神"。可见孟子年代不太可能出现"精神"一词或类似的语词。或者我们可以反过来说,如果孟子年代的语境中已有"精神"一词,或"精"与"神"可相关联使用而构成一种意义。孟子就更有可能说"吾善养吾浩然之精神"而不会用"吾善养吾浩然之气"这样的话语。"精神"一词显然比"气"更能表达《孟子》中的思想。由此我们可以推断,庄子作为孟子的同年代人也不应该有"精"与"神"相关联使用的机会。

(二)"神人"作为一复合词出现于《淮南子》以后

刘笑敢教授在《庄子》部分外杂篇中找出了"道德""性命""精神"这几个复合词从而证明这些(不是全部)外杂篇相对《孟子》书或相对战国中期而后出,这一点上刘氏是正确的。但他因此而认定它们相对《庄子》内篇而后出,则经不起考验。因为我们发现,《庄子》内篇中还有比"道德""性命""精神"这些复合词更晚出的一个复合词——"神人"。

"神人"在《庄子》内篇中凡四出。《逍遥游》中两见:"至人无己,神人无功,圣人无名"和"藐姑射之山,有神人居焉"。《人间世》两见:"此果不材之木也,以至于此其大也。嗟乎,神人以此不材"和"此乃神人之所以为大祥也"。文献考察告诉我们,该复合词的出现应比"道德""性命""精神"这几个复合词要晚得多。

在中国文字史中,"神"字和"人"字可说是最早出现的单纯词,在甲骨文、金文中就已出现,更不说《尚书》《诗经》这些最早的传世作品了,但"神人"作为一个复合词却相当晚才出现在中国的文献中。笔者遍览各先秦文献,未见"神人"一词。[①] 在前汉《淮南子》前(包括《淮南子》)的各种文本中也未见"神人"一词。目前所知古文献中最早出现"神人"这一复合词的应是《史记》。"神人"在此共18见,分别是:卷十二8见;[②]卷二十八9见;[③]卷八十二1见。[④]其中卷十二与卷二十八的相关部分几为重复,讲的都是武帝求仙山神人之事。

---

[①] 《尚书》中有三"神"与"人"连用的句子,《舜典》中的"神人以和";《微子之命》"肃恭神人"和《周官》中的"治神人,各上下。"姑且不论《微子之命》和《周官》的后出,这三个句子中的"神人"均为"神"和"人"两单纯词的搭配。

[②] 〔汉〕司马迁撰,李全华标点:《史记》第131~142页,岳麓书社,1988年。

[③] 〔汉〕司马迁撰,李全华标点:《史记》第204~224页,岳麓书社,1988年。

[④] 〔汉〕司马迁撰,李全华标点:《史记》第617页,岳麓书社,1988年。

# 独步庄门
## ——对《庄子》内篇成书年代的一种研究

其次为《楚辞》中《九怀·昭世》，其词曰："握神精兮雍容，与神人兮相胥。"①其中的"神人"应为复合词。《九怀》系西汉王褒所作，王褒乃宣帝时人。②再其次为桓谭《新论》中有"神人"1见，《昭明文选》注转引其词曰："天下神人五：一曰神仙，二曰隐沦，三曰便鬼物，四曰先知，五曰铸凝。"③班固的《汉书》有"神人"14见，④也几乎是《史记》的翻版。王充的《论衡》有"神人"1见，其词曰："上有二神人，一曰神荼，一曰郁垒，主阅领万鬼。"⑤

后汉以降，"神人"一词开始广泛出现。如佛教最早的经典《中本起经》《佛说兴起行经》和《修行本起经》就有大量的复合词"神人"出现。⑥魏晋玄学人士也都常用"神人"一词。

特别需要指出的是，《淮南子》与《吕氏春秋》中虽有大量"圣人""真人"和"至人"的用法，但"神人"却一见未及。（经电脑统计，《吕氏春秋》中"真人"1见、"至人"3见、"圣人"67见，未见"神人"；《淮南子》中"真人"11见、至人8见、圣人212见，也未见"神人"。）⑦我们不断地被灌输说，《吕氏春秋》和《淮南子》大量引用了《庄子》。如果情况真是如此，如果果真是《庄子》内篇在前，《吕氏春秋》和《淮南子》在后，而且《庄子》中的"圣人""至人"和"真人"在《吕氏春秋》和《淮南子》都一而再、再而三地被大量引用，为何同样为《庄子》中极具代表性的"神人"却丝毫不被吕子们和淮南子们引用呢？按惯常的观点这一情况实在无法理解。我们似乎想象不出《吕氏春秋》和《淮南子》不引用"神人"的理由，除非我们得出《吕氏春秋》和淮南子在前，《庄子》内篇在后这样的结论。

做这样的结论虽然有些出人意料，仔细思量却实在情理之中。在中国本土原有的思想体系中，神和人是截然分立的，所谓"天人永隔"。无论是殷人的"帝"还是周人的"天"都是高高在上的神，⑧与人间的众生判然有别。即使是

---

① 《楚辞·九怀·昭世》，资料来自百度网站——关键词 楚辞。
② 参见〔汉〕班固撰，赵一生点校《汉书》第869页，浙江古籍出版社，2000年。
③ 〔梁〕萧统编，〔唐〕李善注：《文选》第二册第571页，上海古籍出版社，1986年。
④ 统计数字源自中山大学《四库全书》网络版。
⑤ 〔东汉〕王充：《论衡》第344页，上海人民出版社，1974年。
⑥ 参见《佛教在线》之《本缘部》。
⑦ 统计数据来源于中山大学《四库全书》电子网络版。
⑧ 殷人的"帝"和周人的"天"在当时人们心目中的地位崇高无比，冯达文老师对此有明晰的梳理。参见冯达文《早期中国哲学略论》第一章，广东人民出版社，1998年。

人间最高权力行使者也只能称为"天子",故在中国文化中,政治领导人显然不能称"神人"。"神人"作为一复合词,指的是有人格的神或带神格的人,用指沟通人和神的巫觋和祭司阶层最为恰当。但在中国先民年代,巫觋只作为部落首领的附庸。徐复观先生说得好:"中国一开始便没有像其他民族,可以与政治领袖抗衡,甚至可以支配政治的带独立性的僧侣阶级。所以古代宗教,一开始便和政治直接结合在一起;政治活动与宗教活动,常不可分离。于是一般人常常通过政治领导人的行为以看神的意志。"[1]所以神职人员似乎也不宜称"神人"。如果巫觋有"神人"之称,意味着他是有神格的人,或带人格的神,那他就不仅仅是部落首领的附庸,而有可能直接处于支配地位了。

而在我们的邻邦印度,自古以来,神和人的分判就暧昧不明。汤用彤先生指出:"黎俱吠陀诸神大抵取自自然现象,加以人化,人化而有超乎自然之权力,不死而有家庭之关系,亦如人类然。"[2]又评价人神的关系说:"人之于神实立于对等或同等的地位。"[3]而印度社会的祭司阶层——婆罗门一向处在社会的最顶层,在社会生活中常处于支配性的地位。婆罗门常被称为人神。如梵书云:"天有二种,诸天是天,而精熟吠陀以教人的僧侣亦天也。"[4](笔者按,天即神)。梵书也说:"祭祀之用有二,供养诸天,供养诸僧。以供献厌足诸天神,以给养厌足诸人神。二神均足,则祭者可以直生天上。"[5]"神人"为印度文化中固有的一个概念。看来"神人"这一概念应源自印度,秦汉之后,渐入中土,西汉中期以后方被汉人接受,汉末魏晋,方才流行。与印度的"神人"或"人神"概念不一样的是,印度式的"神人"宗教(政治)色彩很浓;到了中土,则清一色成了出世的神仙。[6] 上举《史记》中的"神人"几乎都是不问世事的神仙,而《庄子》中的"神人"似乎也都住在远离红尘的"藐姑射之山"。这一现象与我们前述中国本土的政治文化环境无疑有因果关系。

值得指出的是,《庄子》外杂篇中也含有"神人"这一复合词。该词共出现

---

[1] 徐复观:《中国人性论史·先秦篇》第35页,上海三联书店,2001年。
[2] 汤用彤:《印度哲学史略》,载《汤用彤全集》第三卷第9页,河北人民出版社,2000年。
[3] 汤用彤:《印度哲学史略》,载《汤用彤全集》第三卷第12页,河北人民出版社,2000年。
[4] 转引自汤用彤《印度哲学史略》,载《汤用彤全集》第三卷第20页,河北人民出版社,2000年。
[5] 转引自汤用彤《印度哲学史略》,载《汤用彤全集》第三卷第22页,河北人民出版社,2000年。
[6] "神仙"的概念源自印度,王树英对此态度明确。参见王树英《佛教对中国的影响》,载王树英、张保胜主编《世界文化史故事大系——印度卷》第204页,上海外语教育出版社,2003年。

# 独步庄内
## ——对《庄子》内篇成书年代的一种研究

四次,分别见于:外篇《天地》中作"愿闻神人";杂篇《徐无鬼》中作"是以神人恶众至,众至则不比,不比则不利";《外物》篇作"圣人之所以骇天下,神人未尝过而问焉";《天下》篇作"不离于真,谓之神人"。这些情况至少表明,第一,《天下》篇与《庄子》内篇的联系较密切,且年代为晚出;第二,《庄子》书内外杂篇的划分本身并没有多少年代先后的意义。第三,司马迁在《老庄申韩列传》中提到的《胠箧》《渔父》《盗跖》三篇都不再有"神人"之列,似乎提示我们司马迁在《老庄申韩列传》中对《庄子》概括的权威性。①

(三)"野马"应出现在汉末之佛经之后

《庄子》内篇《逍遥游》在开篇不远处就说:"野马也,尘埃也,生物之以息相吹也。"这句话到底是什么意思呢?毫无疑问,该句的困难来自"野马"一词。

我们先从罗竹风主编的《汉语大词典》"野马"条目说起。该词典说:①兽名(略)。②指野性不驯的马(略)。③指野外蒸腾的水气。《庄子·逍遥游》:"野马也,尘埃也,生物之以息相吹也。"郭象注:"野马者,游气也。"成玄英疏:"此言青春之时,阳气发动,遥望薮泽之中,状如奔马,故谓之野马也。"元麻革《送杜仲梁东游》诗:"野马何决骤,飞云何悠扬。"章炳麟《訄书·原教下》:"今精气被于水土卉木以成物矣,其游魂则散于无形埒之宇,归乎野马。"一说,野马即尘埃。唐玄应《一切经音义》卷三"野马"孙星衍校正:"或问:'游气何以谓之野马?'答云:'马,特塺字假音也。野塺,言野尘也。'"闻一多《古典新义·庄子内篇校释》:"野马字盖即沙漠之漠……野马亦尘埃耳。《庄子》盖以野外者为野马,室中者为尘埃,故两称而不嫌。"南朝梁虞义《赠何郎》诗:"向夕秋风起,野马杂尘埃。"唐韩偓《安贫》诗:"窗里日光飞野马,案头筠管长蒲卢。"清赵翼《闻秦蜀兵夹击流贼奏捷喜赋》诗:"醉人味似糟猪肉,殇鬼魂为野马尘。"②

这里的第一、第二两义与我们的问题无关,我们感兴趣的是第三层含义,也即作为意象词的"野马"的含义。值得指出的是,这第三层含义本身又有两种解释。编者未把它们分别作为第三、第四层含义平列,说明在编者的心目

---

① 这三篇也不含"道德""性命""精神"等复合词。
② 罗竹风主编:《汉语大词典》第10卷第409页,汉语大词典出版社,1992年。

## 第一章 从字词看《庄子》内篇的年代

中,这两种解释有可能只有一种是正解。把《逍遥游》中的"野马"解为"水气、游气"的是郭象以来庄学的主流派。除上述郭象、成玄英注疏外,司马彪注为"春月泽中游气也"。崔撰注为"天地间气如野马驰也"。[①] 司马彪在晋泰始中为秘书郎,[②]崔撰,晋史无传,唯《隋书·经籍志》称其为东晋议郎,[③]但《世说新语·文学》注引《向秀别传》说:"秀游托数年,萧屑卒岁,都无所述,唯好《庄子》,聊应崔撰所注,以备遗忘。"[④]崔大华先生据此认为《隋书·经籍志》有误,以为崔撰当不晚于"竹林七贤"之向秀。[⑤] 诚如所言,则现存对《庄子》中"野马"的最早解释应为崔撰和向秀。司马彪、郭象和成玄英注疏与崔注大同小异。同的方面都认为"野马"是气,异的方面是崔、郭并未明言是何种具体的气,而司马彪和成玄英则明确指出是"泽气",成玄英则进一步对这样"泽气""水气"的成因做了具体的描述。成玄英的解释唐宋以来几乎成了庄学的定解,以至于上述《汉语大词典》把"野马"明明白白地定义为"野外蒸腾的水气"。如上述《汉语大词典》中所显示,把"野马"明确理解成与"尘埃"相类的最早要数南朝虞羲,此人应为齐梁间人。[⑥] 虞羲诗句中的"野马"与《庄子》中的"野马"关系如何虽不得而知,但从其"野马杂尘埃"的句式来看,则似乎虞氏正取材于《庄子·逍遥游》中"野马也,尘埃也,生物之以息相吹也"。联系到南朝庄学的发达,做这样的推断在情理之中。把《庄子》中"野马"明确理解为"尘埃"的似乎只有闻一多先生。在《庄子内篇校释》中,闻一多先生对"野马"做了详细的解说:"案野马字盖即沙漠之漠。字一作幕。《史记·匈奴列传》'益北绝幕',《集解》引傅瓒曰'沙土曰幕',案尘土亦曰漠,故尘土之状亦漠漠。《楚辞·九思·疾世》曰'尘漠漠兮未分',字亦作莫。《文选·羽猎赋》'莫基纷纷',《注》曰'莫莫,风尘之貌也',音存字变则为马。野马亦尘埃耳。

---

① 均见郭庆藩《庄子集释》第3页,中国书店影印出版,1988年。
② 参见〔唐〕房玄龄等撰《晋书》第七册第2141页,中华书局,1974年。
③ 参见崔大华《庄学研究》第44页,人民出版社,1992年。
④ 徐震堮:《世说新说校笺》第111页,中华书局,1984年。
⑤ 参见崔大华《庄学研究》第45页,人民出版社,1992年。
⑥ 曹道衡称:虞羲,南朝齐梁间诗人。字子阳(李善《文选注》引《虞羲集序》),一说字士光(《南史·江淹、任昉传》)。会稽余姚(今属浙江)人。生卒年不详。史称"盛有才藻,卒于晋安王侍郎"(《南史》)。《隋书·经籍志》录有《虞羲集》9卷,已佚。今仅存文1篇,诗12首,收入《全上古三代秦汉三国六朝文》《先秦汉魏晋南北朝诗》中。资料来自百度网站,关键词为:南朝梁虞羲。

# 独步庄门
## ——对《庄子》内篇成书年代的一种研究

《庄子》盖以野外者为野马,以室中者为尘埃,故两称而不嫌。"①

闻一多先生的学问常异帜独举,卓领风骚,诚不愧为一代巨匠。郭沫若先生对其评价曰:"眼光的犀利,考索的博赅,立说的新颖而翔实,不仅是前无古人,恐怕还要后无来者的。"②但即使在今天,闻一多先生对"野马"的这一独特理解仍然没有得到学界足够的认同。颜洽茂在《魏晋南北朝佛经词释》一书就对"野马"一词进行过长篇辨析。他认定:野马为"阳焰幻的雾气,状如江河。"并引用数处佛典来证明自己的观点:

诸法亦复然,见野马如水,愚者欲趣饮,无实可救渴。(《月灯三昧经》卷二)计于五阴,犹如野马,迷惑之业,从虚伪兴。(《佛说大净法门经》)如野马现,渴者为惑。(同上)譬如春日中,晖光所焚炙,阳焰状如水,诸法亦复然。(《月灯三昧经》卷二)心能入于如幻法,犹如睡梦阳焰等。(同上卷十)

并作长篇按语说:

[清]陆凤藻《小知录》卷一乾纬:"阳焰〔野马·白驹〕。《庶物异名疏》:'龙树大士曰:日光着微尘,吹之野中转,名之谓阳焰,愚夫见之,谓之野马。'日影曰白驹。"《一切经音义》卷九,放光般若经第二十三卷:"野马,犹阳炎也。案《庄子》所谓尘埃也,'生物之以息相吹者'注云:'鹏之所凭而飞者,乃是游气耳。'《大论》云:'饥渴闷极,见热气谓为水是也。'"又《通雅》卷十一天文·释天:"野马,阳炎也。白驹亦非景。《庄子》注'野马,日光;一曰游丝,水气也。'《笔谈》曰:'野马、尘埃是二物。吴融云:动梁间之野马。韩偓云:窗里日光飞野马。皆以为尘,实乃田野浮气耳。'龙树大士曰:'日光著微尘,风吹之野中转,名之谓阳焰。愚夫见之,谓之野马。渴人见之,谓之流水。'……今人或于暑晨登高山,尝见山野之下,巨侵茫茫,惟夏秋间有之,故曰阳焰。实则雾也,少选日高,则失。"据

---

① 闻一多著,李定凯编校:《周易与庄子研究》第94页,巴蜀书社,2003年。
② 转引自李定凯编校,闻一多著《周易与庄子研究》之前言,见该书第1页,巴蜀书社,2003年。

第一章　从字词看《庄子》内篇的年代

此,野马、阳焰实乃一事。《笔谈》辨野马非为尘,是。"阳炎"就是阳焰,"炎"乃焰(燄)之通假耳。《书》洛诰"无若火始焰焰",唐石经作"炎炎"。译经中仍如此,《顺权方便经》卷下假号品"若无光炎","光炎"即是光焰。明人方以智《物理小识》卷二地类·阳焰水影旱浪条:"燕赵齐鲁之郊,春夏间野望,旷远处如江河,白水荡漾,近之则不复见。土人称为阳焰。盖真火之气,望日上腾,而为湿润之水土所郁留,摇飏重蒸,故远见其动莽苍之色,得气而凝厚,故又见其一片浩然,如江河之流也。"此说最符经中"见野马如水""阳焰状如水"的情形,犹今谓之海市蜃楼之景象也。①

颜氏的考证结果是"野马"不指尘埃而指海市蜃楼之幻象。但他的结论是否正确呢？让我们追根溯源,看看问题中的"野马"一词在中国的演变情况。《庄子》中的"野马"我们暂且不论,在现存的文献中,先秦及前汉的文献中都未出现作为意象词的"野马",最早提及作为意象词"野马"的似乎是后汉支谶的《道行般若经》(或称《道行经》)。

般若波罗蜜等无有异,菩萨随般若波罗蜜教,当如是幻化及野马但有名无形。菩萨随般若波罗蜜教,当如是地水火风是四事无有极。菩萨随般若波罗蜜教,当如是佛身相本无色。菩萨随般若波罗蜜教,当如是诸佛境界各各虚空。菩萨随般若波罗蜜教,当如是……佛亦如是。无形本无所从来去亦无所至,佛亦如是。幻本无所从来去亦无所至,佛亦如是。野马本无所从来去亦无所至,佛亦如是。②

在此以前,"野马"只有它的平常含义,也即《汉语大词典》"野马"条目的第一、第二义。佛教文献中用"野马"作为意象词不仅最早,而且使用十分普遍。如《放光般若经》说:

佛言:菩萨行禅,观色如聚沫,观痛如泡,观想如野马,观所作行如芭

---

① 颜洽茂:《魏晋南北朝佛经词释》,资料来自百度网站,关键词:佛经野马。
② 《道行般若经》卷第9载佛学在线。

# 独步庄内
## ——对《庄子》内篇成书年代的一种研究

蕉,观识如幻。①

菩萨住于五阴,如幻、如梦、如响、如野马、如热时之焰。②

世尊,假令诸法如梦、如响、如镜中像、如野马、如幻、如化者。菩萨云:何于空无之法发阿耨多罗三耶三菩意。③

《光赞经》说:

犹如幻化野马,水月梦与影响若镜中像,勇猛无侣。④

譬如须菩提呼声之响,又如镜像幻化野马,如来解说一切诸法,皆犹如化但假有号。⑤

《杂经含经》说:

诸比丘,譬如春末夏初,无云,无雨。日盛中时,野马流动,明目士夫谛观思惟分别。谛观思惟分别时,无所有,无牢,无实,无有坚固。所以者何?以彼野马无坚实故。如是,比丘诸所有想,若过去,若未来,若现在;若内,若外;若粗,若细,若好,若丑;若远,若近。比丘谛观思惟分别。谛观思惟分别时,无所有,无牢,无实,无有坚固。如病,如痛,如刺,如杀。无常、苦、空、非我。所以者何?以想无坚实故。⑥

《增一阿含经》说:

多耆奢白佛言:色者无牢,亦不坚固,不可睹见,幻伪不真。痛者无牢,亦不坚固,亦如水上泡,幻伪不真。想者无牢,亦不坚固,幻伪不真。亦如野马,行亦无牢,亦不坚固,亦如芭蕉之树,而无有实,识者无牢,亦不

---

① 《放光般若经·六度相摄品第六十九》,载佛学在线。
② 《放光般若经·无有相品第七十七》,载佛学在线。
③ 《放光般若经·诸法等品第八十六》,载佛学在线。
④ 《光赞般若经·摩诃般若波罗蜜光赞品第一》,载佛学在线。
⑤ 《光赞般若经·摩诃般若波罗蜜分别空品第六》,载佛学在线。
⑥ 中国佛教文化研究所点校:《杂阿含经》上册第221页,宗教文化出版社,1999年。

## 第一章 从字词看《庄子》内篇的年代

坚固,幻伪不真。重白佛言:此五盛阴无牢,亦不坚固,幻伪不真。①

显然,支谶《道行般若经》中的"野马"是指虚幻的假象,而后列的所有佛经中的意象词"野马"无一不是指的"幻象,有名无实"的意思。再来看佛学辞典,几乎所有的佛教辞典对"野马"的解释也正是本着这一思路,如吴汝均编著的《佛教大词典》就把"野马"解释为没有实体的事象。②

现在我们知道,"野马"作为意象词最早出现在佛经中,最早出现"野马"这一意象词的《道行般若经》为支谶所译。支谶为月支国人,汤用彤先生认为他"汉桓帝末,游于洛阳"③,吕徵先生认为"支谶于桓帝末公元 167 年到洛阳。"④僧祐的《出三藏记集·支谶传》说他"以灵帝光和、中平之间(178—189)传译胡文"。⑤ 如此则作为意象词的"野马"最早出现于公元 180 年前后。

首先来看看,为何支谶等佛教人士要把幻象叫作"野马"? 慈怡主编的《佛光大辞典》对"野马"的解释是:"梵语 marici。译作阳焰、焰(炎),全称野马泉,乃现沙漠或旷野中的一种自然林泉幻象。即热气之游丝或尘埃现于远方时,其幻影如真实之树林、泉水,然趋近之,则又消灭。故知野马为假相,并无实体。以此比喻诸法之无自性,如幻影之不能久住。"⑥

龙树著、鸠摩罗什译的《大智度论》中有两段论述可作为对此的权威解释。《大智度论》卷六说:

> 复次是幻譬喻,示众生一切有为法空不坚固。如说一切诸行如幻欺诳小儿,属因缘不自在不久住。是故说诸菩萨知诸法如幻、如炎者,炎以日光风动尘故。旷野中见如野马,无智人初见谓之为水。
>
> 以是故言诸菩萨知诸法如响。如揵闼婆城者,日初出时见城门楼橹宫殿行人出入,日转高转灭,此城但可眼见而无有实。是名揵闼婆城,有

---

① 《增一阿含经》第二十七卷,引自《佛学大全》,无量光明佛教网。
② 吴汝均编著:《佛教大词典》第 422 页,台北商务印书馆国际有限公司,1992 年。
③ 汤用彤:《汉魏两晋南北朝佛教史》,载《汤用彤全集》第一卷第 50 页,河北人民出版社,2000 年。
④ 吕徵:《中国佛学源流略讲》第 27 页,中华书局,1979 年。
⑤ 转引自任继愈主编《中国佛教史》第一册第 314 页,中国社会科学出版社,1981 年。
⑥ 慈怡主编《佛光大辞典》第五册第 4818 页,台北佛光文化事业有限公司,1988 年。

# 独步庄内

## ——对《庄子》内篇成书年代的一种研究

> 人初不见揵闼婆城,晨朝东向见之,意谓实乐疾行趣之,转近转失日高转灭。饥渴闷极见热气如野马,谓之为水疾走趣之转近转灭。①

之所以叫作"野马",是因为海市蜃楼的幻象常形成于阳光之下的旷野之中,由于热气升腾,风吹尘动,所以远望之下就如野马奔腾。可见"野马"是个意象词。这种"野马"情景是由于太阳照耀下,地面上下空气产生温度差别,空气因温差而对流,远看如热气蒸腾,所以又叫"阳焰"(或阳炎)。这种"阳焰"远看也十分像水面的形象。但不管叫什么,它们都是假象幻相。一经走近,便迅即消失。

这种海市蜃楼式的"野马"与尘埃有联系吗?看来我们要回到印度的源头。原来,海市蜃楼式幻象梵文名叫(marici),据《梵英实用词典》(the Pratical Sanskrit - English Dictionary),marici 一共有四种意思:①光线;②光粒;③光;④海市蜃楼。与我们有关的含义有两个:其一是光粒(Aparticle of light);其二为海市蜃楼(mirage)。②据《梵和大词典》,"marici"日文的解释汉译即为阳焰和野马。日文原文翻译成中文应为(在空气中浮游的)光粒。③可知编者的日文译文重点放在上述的第一层意义上。这样我们知道,梵文"野马"(marici)原本就有幻象和微粒两种含义。现在,也许我们可以对颜洽茂氏的结论有一个回应:"野马"既指"幻象",也指"尘埃"("微粒")。

虞义把野马和尘埃连用是有根有据的,并非想当然。特别是,在虞义的诗句中,野马与尘埃还未必是一样的东西,否则他不会说"野马杂尘埃",而这正与野马梵文的原意完全一致。汤用彤在其名著《印度哲学史略》中梳理胜论派极微学说时说:"……而印土现传另有多说。如一谓第二子微由两极微成,第三子微由二子微成,余以类推。二谓第二子微由两极微成,第三子微由三第二子微合成,第四子微由四第三子微成,以此类推。第二子微仍无方分④,第三子

---

① 《大智度论》第48~49页,台北青莲出版社,1998年。
② 参见 Vaman Shivram Apte. The Rratical Sanskrit - English Dictionary. P774, Motilal Banarsidass Publishers Private Limited, 1965
③ 参见获原云来编纂,直四郎监修《梵和大辞典》第1007页,台北新文丰出版股份有限公司,1989年。
④ 笔者按,"方分"就是"方位和大小","无方分"意即感官无法感知的存在,是印度思想中一特殊的术语。

## 第一章 从字词看《庄子》内篇的年代

微大如日光中之野马。"①据此我们知道,"野马"(marici)是人可感知的最小的存在物。上述《梵英家用词典》和《梵和大词典》把 marici 释为光粒(particle of light)就是同样的意思。光粒(particle of light)是指光本身所含之微粒,②谁还能比光中所含之微粒更细吗?所以"野马杂尘埃"是说阳光中之微粒与空中扬起的尘埃混杂在一起。一方面,虞羲是南朝齐梁间人,南北朝时期是中国佛教最繁荣的时期,印度的其他思想学术对中国士人有影响是情理之中的事。另一方面,这说明虞羲对印度学术的把握是到位的。韩偓说"窗里日光飞野马",似乎他对"野马"的内涵也很清楚。

《庄子》中"野马"到底应该是什么意思呢?

首先,从野马本身的意象出发,崔譔把"野马"理解成"天地间气如野马驰也",给人的感觉是不着边际。"天地间气"与"野马驰"之意象似乎并无关联。《吕氏春秋·明理》有一段对云的描写:

> 其云状有若犬、若马、若白鹄、若众车;有其状若人,苍衣赤首,不动,其名曰天衡;有其状若悬旍而赤,其名曰云旍;有其状若众马以斗,其名曰滑马;有其状若众植华以长,黄上白下,其名蚩尤之旗。③

刘武认为崔譔的野马指的就是与《吕氏春秋》中"滑马"相类似的"云气"④,并因此把《庄子·逍遥游》中"野马也,尘埃也,生物之以息相吹也"理解为鹏所凭借而飞的空间的三个层次。虽然不失为一说,但把尘埃理解为一层,把生物气息理解为尘埃下的一层实与常理相悖,也与事实不合。另外,上引《吕氏春秋》中对各种云象的描写是指的一种乱世的景象,⑤常态中并不可见,用这样乱世的意象来比况逍遥中的大鹏似乎也不可理喻;且"滑马"不是"野马","众马以斗"的形象与"野马驰"也相去甚远。特别是,这样的理解与上下文的关联

---

① 汤用彤:《印度哲学史略》,载《汤用彤全集》第三卷第119页,河北人民出版社,2000年。
② 笔者按,这里的"光粒"有点类似现代物理学中的光子,当然这是古印度人的认识。光子不可见,而古印度人的光粒则又是最小的可见之物。
③ 〔汉〕高诱注,〔清〕毕沅校,余翔标点:《吕氏春秋》第99~100页,上海古籍出版社,1996年。
④ 参见刘武《庄子集解补正》第4页,中华书局,1987年。
⑤ 参见〔汉〕高诱注,〔清〕毕沅校,余翔标点《吕氏春秋》第99~100页,上海古籍出版社,1996年。

# 独步庄内
## ——对《庄子》内篇成书年代的一种研究

仍过于牵强（详见后）。把"野马"解成"云气"似乎并不成立。

司马彪和成玄英把"野马"解为"泽气"，更加不知所云。如上引成玄英所说："青春之时，阳气发动，遥望薮泽之中，状如奔马。"薮泽之中时有雾气流连，此为真，但状如野马却似乎是成玄英的"一家之见"。从义理上，这种理解也十分局促。正如刘武所说："司马与成仅就泽气言，与上之'九万里'，下之'天之苍苍'不相应矣。"①

郭象把"野马"解为"游气"。但为何种游气，则语焉不详。如果把游气理解成上述旷野中的热气，则似乎可得正解。但郭象随即又把此"游气"说成是"鹏之所冯以飞者"②，则我们仍然难以把握他的"游气"究为何物？

需要指出的是，崔、郭、司马与成四家对"野马"的解释从来未提及古文献以资参照。我们似乎也不必对他们的理解太过强从。不过人们不禁要问，为什么崔、郭、司马与成四家要对"野马"做这样的解释？他们不可能信口开河，必定有其原因。笔者在此做这样的假定：或许《庄子》内篇的作者是一个精通梵文之人，他知道 marici 至少有"幻象"和"光粒"两层意义，而"野马"是当时汉语中对 marici 的常用汉译。他于是就借"野马"这个词来表述的 marici 中"最小可见之微粒"义。这或许也能称得上《庄子》之所以自称"谬悠""荒唐"的原因。而崔撰、向秀（郭象注大多来自向秀注）似乎并没有明白这里面的奥妙。③ 在他们的年代以"野马"表示"幻象"是常解，④当他们看到"野马也，尘埃也，生物之以息相吹也"时，肯定一时难以明白"野马"到底代表什么意思，把它解为"幻象"肯定不行。但既然"野马"这种幻象是由太阳照耀下高温形成的空气对流所成，它本身是活动的"热气"，是"阳焰"，他们于是把"野马"理解成"游气""天地间气"，这也可算是"情理"之中；而司马彪和成玄英则进一步诠释成"泽气"，却似乎像龙树所说是"无知之人谓之为水"了！

---

① 刘武：《庄子集解内篇补正》第 4 页，中华书局，1987 年。
② 郭庆藩：《庄子集释》卷一第 2 页，中国书店影印出版，1988 年。
③ 向秀一生跨魏晋两代，但他的《庄子注》据王晓毅考证形成于西晋前期（参见王晓毅《儒释道与魏晋玄学形成》第 237 页，中华书局，2003 年）。西晋公元 265 年开国，如此则向秀的《庄子注》大约晚于支谶的《道行般若经》一百年。
④ 魏晋年代是佛教大兴的时期，汤用彤先生屡有提及，并曾以专门篇幅来阐述佛法在魏晋兴盛的原因。参见汤用彤《汉魏两晋南北朝佛教史》，载《汤用彤全集》第一卷第 142~144 页，河北人民出版社，2000 年。

# 第一章 从字词看《庄子》内篇的年代

从义理上说,传统上囿于郭象把"野马、尘埃"解成"此皆鹏之所冯以飞者"的影响,强把"野马"解为"游气",遂使文意曲折难明。现把"野马"按其本来的面目理解成"最小的微粒",则文意豁然朗现。野马为最小可见之物,野马与尘埃,与上面的"不知其几千里也"之大鹏适成对照,则文章上下文意贯通,义理切合。正如闻一多先生所说:"此言野马尘埃,亦物之能飞者,然必待生物以口吹嘘之,而后能飞,以喻鹏飞亦必待大风海运(浑)而后能举其体。然而两者所待,大小不同。生物一息之吹,野马尘埃即因之以浮游,所待者小,体小故也。鹏非大风海运,不能自举,所待者大,体大故也。本篇屡以大小对照,此亦宜然。"①由此看来,《庄子》内篇的"野马"应是指印度思想中"最小可见微粒",《庄子·逍遥游》也即《庄子》内篇极有可能是佛教著作《道行般若经》汉译后的作品。

也许有人要问,有没有可能是先有《庄子·逍遥游》的"野马",而后佛经再采用它来表达自己的意思,历史上所谓"连类""格义"就是如此。② 笔者认为,从上述情况分析,不太可能是《道行般若经》等佛经借用《庄子》中"野马"这一意象词。前面我们说过,《道行般若经》等佛经中的"野马"几乎都表"幻象"之意,而《庄子·逍遥游》的"野马"无论如何也不可能理解成"幻象"。这种情况恰好表明《道行般若经》译成汉文时,当时的《庄子》文本中并没有"野马"这一意象词。试想如果当时的《庄子》中有"野马也,尘埃也,生物之以息相吹也"这句话,而这里的"野马"与"幻象"意毫无勾连,那支谶完全可以用另外一个汉词来表达他想说的"幻象"之意。③ 不管怎么说,如果情况确实如此,支谶或他的助手决不会用"野马"来表达他要想说的"幻象"之意,因为这样做的话,唯一的结果是增加混乱,使人们理解佛经徒添麻烦。这绝不是一个致力于传播佛经的人所希望看到的。

(四)"蝶"字不见于先秦及前汉

《庄子》内篇《齐物论》中的庄周梦蝶的故事享誉千年。其义曰:"昔者庄周梦为胡蝶,栩栩然胡蝶也。自喻适志与!不知周也。俄然觉,则蘧蘧然周

---

① 闻一多著,李定凯编校:《周易与庄子研究》第94~95页,巴蜀书社,2003年。
② 参见冯友兰《中国哲学史新编》中册第604页,人民出版社,1998年。
③ 比如可用"阳焰"一词。以笔者的有限阅读范围,隋唐以后翻译的佛经,已甚少用"野马"一词。这似乎也在向我们暗示一些什么。

# 独步庄内
## ——对《庄子》内篇成书年代的一种研究

也。不知周之梦为胡蝶与？胡蝶之梦为周与？周与胡蝶则必有分矣。此之谓物化。"遍查现有文献，除《庄子》外，①先秦文献中并无一"蝶"字，整个前汉的文献也无一"蝶"字，字书《尔雅》无"蝶"字。以现存的文献看，最早出现"蝶"字的是许慎的《说文》，作"蜨"字（或作"蛱"字）。②许慎为后汉人，与马融大致同时，《后汉书》有传。③其次则为《文选》卷29所载张景阳的"胡蝶飞南园"④和卷30谢立晖的"花丛乱数蝶"⑤。但此两人都已是向秀、崔撰以后之人。

具有指标意义的是，西汉及东汉前期极力渲染都城富丽堂皇、风光水色的作品如班固的《两都赋》⑥、杨雄的《甘泉赋》，⑦司马长卿的《子虚赋》和《上林赋》，⑧张衡的《西京赋》《东京赋》和《南都赋》⑨均未见"蝶"字出现。而这些歌颂体赋中对当时见到、听到乃至想到的鸟兽虫鱼无一不极尽描绘之能事，但却只字未提后世常见的"蝶飞莺舞""蜂乱蝶舞"等风景描写时的常用词。一个可能的解释是当时人们对自然界的观察还不够细致，对一些与日常生活和人类生存关系不大的物类还未引起足够的纯审美观察。一个不算大胆的猜测是当时语境中并无"蝶"这个词。据记载，西汉闾里书师编纂当时的词典《苍颉篇》时，总共收录的字才3300个（含重复字）。⑩而现在一本普通的《新华字典》就

---

① 《庄子》中除《齐物论》外，外篇《至乐》中也有"蝶"字。
② 〔后汉〕许慎撰，〔宋〕徐铉定：《说文解字》第280页，中华书局影印出版，1963年。
③ 〔南朝宋〕范晔撰，张道勤校点：《后汉书》743页，浙江古籍出版社，2000年。
④ 〔南朝梁〕萧统编，海荣、秦克标校：《文选》第232页，上海古籍出版社，1998年。
⑤ 〔南朝梁〕萧统编，海荣、秦克标校：《文选》第238页，上海古籍出版社，1998年。
⑥ 〔南朝宋〕萧统编，海荣、秦克标校：《文选》第1～9页，上海古籍出版社，1998年。
⑦ 〔南朝宋〕萧统编，海荣、秦克标校：《文选》第45～47页，上海古籍出版社，1998年。
⑧ 〔南朝宋〕萧统编，海荣、秦克标校：《文选》第49～56页，上海古籍出版社，1998年。
⑨ 〔南朝宋〕萧统编，海荣、秦克标校：《文选》第10～26页，上海古籍出版社，1998年。
⑩ 《汉书·艺文志》："《史籀篇》者，周时史官教学童书也，与孔氏壁中古文异体。《苍颉》七章者，秦丞相李斯所作也；《爰历》六章者，车府令赵高所作也；《博学》七章者，太史令胡母敬所作也；文字多取《史籀篇》，而篆体复颇异，所谓秦篆者也。是时始造隶书矣，起于官狱多事，苟趋省易，施之于徒隶也。汉兴，闾里书师合《苍颉》《爰历》《博学》三篇，断六十字以为一章，凡五十五章，并为《苍颉篇》。武帝时司马相如作《凡将篇》，无复字。元帝时黄门令史游作《急就篇》，成帝时将作大匠李长作《元尚篇》，皆《苍颉》中正字也。《凡将》则颇有出矣。至元始中，征天下通小学者以百数，各令记字于庭中。扬雄取其有用者以作《训纂篇》，顺续《苍颉》，又易《苍颉》中重复之字，凡八十九章。臣复续扬雄作十三章，凡一百二章，无复字，六艺群书所载略备矣。《苍颉》多古字，俗师失其读，宣帝时征齐人能正读者，张敞从受之，传至外孙之子杜林，为作训故，并列焉。"〔汉〕班固撰，赵一生点校：《汉书》第589页，浙江古籍出版社，2000年。

有11 100个单字。① 与汉时的《苍颉篇》相比,已三倍于前,更不用说包罗近6万字的《汉语大字典》了。据此可知,很多后来出现的字词在先秦时并不存在,像"蝶"字这样的审美或学术意义多于实用生活意义的词在秦汉之时未出现是完全可能的。

(五)"鹏"字与"蝶"字情况类似

《庄子·逍遥游》一开始就说:

> 北冥有鱼,其名为鲲。鲲之大,不知其几千里也。化而为鸟,其名为鹏。鹏之背,不知其几千里也。怒而飞,其翼若垂天之云。

鹏为《庄子》内篇中极为突出的一个形象,没有这"不知其几千里也"的大鹏,《庄子》也许就不成其为《庄子》了。但像"蝶"字一样,"鹏"字在中国文字史中,出现也甚晚。以目前的资料看,除《庄子》本身外,最早出现"鹏"字的文献为后汉末年王符《潜夫论》卷七的《释难》篇,词曰:"是故大鹏之动,非一羽之轻也。"②其次出现在曹植的《玄畅赋》中,曰:"怅蕴结而延伫,希鹏举以搏天。"③再后《嵇中散集》和《晋书》都有"鹏"字出现。④ "鹏"与"蝶"一样,主要伴随人们的审美需要而产生,出现在后汉末年,实属常态。也许我们可用一个反证法来证明它的晚出。西汉《淮南子》中有云:"凤凰之翔至德也,雷霆不作,风雨不兴,川谷不澹,草木不摇,而燕雀佼之,以为不能与之争于宇宙之间。还至其曾逝万仞之上,翱翔四海之外,过昆仑之疏圃,饮砥柱之湍濑,邅回蒙汜之渚,尚佯冀州之际,径蹑都广,入日抑节,羽翼弱水,暮宿风穴,当此之时,鸿鹄鸧鹪莫不惮惊伏窜,注喙江裔,又况直燕雀之类乎! 此明于小动之迹,而不知大节之所由者也。"如果当时的语境中已有《庄子·逍遥游》中鲲鹏的形象,

---

① 参见《新华字典》1990年版之《说明》。
② 〔汉〕王符撰,〔清〕汪继培笺,彭铎校正:《潜夫论》第325页,中华书局,1985年。
③ 〔魏〕曹植:《曹子建集》卷一,资料来自中山大学《四库全书》网络版。
④ 资料来自中山大学《四库全书》网络版。

# 独步庄内
——对《庄子》内篇成书年代的一种研究

大概淮南子们没理由不用鲲鹏而用凤凰。现在《淮南子》未见"翼若垂天之云"的鲲鹏而只见意境极为普通的吉祥的标志"凤凰",由此可以反向推论,《淮南子》时当时的语境中尚没有"鹏"字。①

---

① 此时"鲲"字似应存在。宋玉《对楚王问》中有"故非鸟有凤而鱼有鲲也,人亦有之。"见〔梁〕萧统编,海荣、秦克标校《文选》第371页,上海古籍出版社,1998年。笔者按,背宽几千里之大鹏是先秦中国人无法想象的,它超越了古典中国人的世界观和空间思维。对《吕氏春秋》和《淮南子》有充分阅读的人应该能够体会到这一点。单凭《逍遥游》中的"鲲鹏"形象,我们就能知道,《庄子》内篇应该是佛教东传后的作品。

# 第二章　从文句的角度看《庄子》内篇与《淮南子》和《吕氏春秋》的先后

## 一、《淮南子》《吕氏春秋》是绝好的对比支点

根据内含文句来确定文本的成书年代,同时也是最重要的是寻找一个可靠的对比参照系,只有这样得出的结论才有牢固的基础。在笔者看来,传统上一些结论的失误就在于没有解决好这一问题。[①]

通过文本内含的文句来比判两文本的先后,这在中国哲学史的研究中已有了相当长的历史。《庄子》就常常作为其他文献的引用文本而被提到。但是,以笔者的见识,似乎很少有人对用以作为对斠参照系的文本本身进行过年代归属的讨论和确定,从而使所得的结论具备牢固的基础。比较文本的先后往往不是以文本本身来作为考量的论据,而是以文本所归属的作者(某子)生平的先后来判定。应该说,如果某子的作者归属清楚明了,举世公认,这也未尝不是一个好的方法(如王充的《论衡》、杨雄的《法言》、王符的《潜夫论》以及汉以后的大部分子类书)。但先秦诸子名下的作品由于年代久远,其作品往往是其学派的作品集。[②] 而一个学派往往延续几百年,哪些是师傅的真传,哪些是门人的理解,哪些是数代弟子续貂,哪些是后人的模仿,往往很难有明确的

---

[①] 拿一些本身就充满疑问的文献作年代判断的参考支点是学界常见而又未引起足够重视的问题。另外,以文献内部的个别章节来作为该文献产出年代的标准也十分缺乏客观性,如人们常以《庄子·天下》篇来判断《庄子》其他篇谁是庄子原创谁为后学续貂,这里就可能存在一个方法论的漏洞,或许他们仅是在进行所谓的"循环论证"。《庄子·天下》本身的年代真实度和可靠性就值得进一步研究。

[②] 章学诚早就指出,诸子作品均不是自己所作。参见章学诚《文史通义·言公》。香港中文大学郑良树也认为:"有些子书恐怕是多次、多人、多时及多地才续集而成。"见郑良树《诸子著作年代考》第276页,北京图书馆出版社,2001年。

# 独步庄内
## ——对《庄子》内篇成书年代的一种研究

答案。这在理论上就预示着，先秦某子作品作为一个整体很难作为一个令人信服的判断文本先后的标准。相反，某些先秦诸子名下的书倒需要依靠其他更过硬的标准来衡量。

对于本书要讨论的《庄子》内篇，笔者认为首先要做的就是寻找一个牢固的对比平台。十分幸运的是，除了历年出土的文献外，《吕氏春秋》和《淮南子》为我们的工作提供了绝佳的对斟支点。我们都知道，《吕氏春秋》和《淮南子》分别是战国末与汉早中期十分有代表性的作品，它们都是百科全书式的所谓"杂家"作品，当时有影响力的各家思想两书都有相当详尽的罗列。特别难能可贵的是，该两书有着其他先秦子书无法比拟的优势，那就是它们的成书年代和成书背景均十分清楚。另有一点也值得一提，那就是由于这两本书的总编者在历史上总是负面的形象，因此，对它们篡改、增益的可能性几乎不存在，所有这些使得它们比任何其他的文献都更接近自己的原貌。笔者认为《吕氏春秋》和《淮南子》可以作为先秦诸子文献考据中的一个重要的判断标准。对于我们所讨论的《庄子》内篇而言，《吕氏春秋》和《淮南子》更成为无可替代的试金石。惜乎历来对该两书在这方面的重要性缺乏足够的重视。

## 二、《庄子》内篇与《淮南子》有极高的文献关联度

根据相关文句来确定文本间的年代先后，除了前述所说对比参照系要可靠之外，另一重要的因素是，相互对斟的文本间要有充分的可对斟性。也就是说，相对斟的文本间要有相当数量的相同或相近文句，只有这样，我们才能确定这两者之间有一个参考与被参考的关系。如果不能确定两相对斟的文本间有这种参考与被参考的关系，则我们就失去了对斟的基础。我们可以用文献关联度来表达这一概念。如果两文本间的相同或相近的文句越多，说明它们的文献关联度越高，从而它们的可对斟性高。相反，如果两文本间很少或几乎没有相同或相近的文句，那它们的文献关联度就低，表明它们没有对斟的基础。

王叔岷先生曾对《庄子》与《吕氏春秋》和《淮南子》的相同或相近文句做

## 第二章　从文句的角度看《庄子》内篇与《淮南子》和《吕氏春秋》的先后

过全面的统计和对比。其中《庄子》和《吕氏春秋》相近的文句或段落有 37 条;[①]而《庄子》与《淮南子》相近的文句和段落更有 223 条之多,以我们讨论的《庄子》内篇为例,它与《淮南子》的相近文句据上述王叔岷先生的统计有 67 条,[②]笔者经仔细对照、补充和整理,归为 53 条。兹列举如下:[③]

1. 背负青天。(《庄子·逍遥游》)
背负青天。(《淮南子·人间训》)
2. 而莫之夭阏者。(《庄子·逍遥游》)
而莫之要御夭遏者。(《淮南子·俶真训》)
3. 小知不及大知,小年不及大年。奚以知其然也？朝菌不知晦朔,蟪蛄不知春秋。(《庄子·逍遥游》)
小知不及大知,小年不及大年。朝菌不知晦朔,蟪蛄不知春秋。(《淮南子·道应训》)
4. 抟扶摇羊角而上者九万里。(《庄子·逍遥游》)
扶摇捃抱羊角而上。(《淮南子·原道训》)
5. 举世而誉之而不加劝,举世而非之而不加沮,定乎内外之分辩乎荣辱之境。(《庄子·逍遥游》)
是故举世而誉之不加劝,举世而非之不加沮,定于死生之境,而通于荣辱之理。(《淮南子·俶真训》)
6. 偃鼠饮河,不过满腹。(《庄子·逍遥游》)
临江河者,不为之多饮;期满腹而已。(《淮南子·说林训》)
7. 无所用天下为。(《庄子·逍遥游》)
夫无以天下为者。(《淮南子·精神训》)
8. 瞽者无以与乎文章之观,聋者无以与乎钟鼓之声。岂唯形骸有聋盲哉？大知亦有之。(《庄子·逍遥游》)

---

[①] 参见王叔岷《〈淮南子〉引〈庄〉举偶》,载陈鼓应主编《道家文化研究》第十辑 252~266 页,上海古籍出版社,1996 年。
[②] 参见王叔岷《〈淮南子〉引〈庄〉举偶》,载陈鼓应主编《道家文化研究》第十四辑第 366~400 页,生活、读书、新知三联书店,1998 年。
[③] 《庄子》文以王先谦《庄子集解》为准,《淮南子》文以刘文典《淮南鸿烈集解》为准。

# 独步庄内
## ——对《庄子》内篇成书年代的一种研究

岂独形骸有喑聋哉！心志亦有之。(《淮南子·泰族训》)

9. 将旁礴万物以为一。(《庄子·逍遥游》)

旁薄为一,而万物大优。(《淮南子·俶真训》)

10. 孰肯以物为事。(《庄子·逍遥游》)

孰肯分分然以物为事也。(《淮南子·俶真训》)

11. 宋人资章甫而适诸越,越人断发文身,无所用之。(《庄子·逍遥游》)

毋赏越人章甫,非其用也。(《淮南子·说林训》)

12. 而莫知其所萌。(《庄子·齐物论》)

莫知其所萌。(《淮南子·精神训》)

13. 可乎可,不可乎不可。(《庄子·齐物论》)

可乎可,不可乎不可。(《淮南子·泰族训》)

14. 而休乎天钧。(《庄子·齐物论》)

休于天钧而不毁。(《淮南子·俶真训》)

15. 有始也者,有未始有始也者,有未始有夫未始有始也者；有有也者,有无也者,有未始有无也者,有未始有夫未始有无也者。(《庄子·齐物论》)

有始者,有未始有有始者,有未始有夫未始有有始者；有有者,有无者,有未始有无者,有未始有夫未始有有无者。(《淮南子·俶真训》)

16. 莫寿于殇子,而彭祖为夭。(《庄子·齐物论》)

莫寿于殇子,而彭祖为夭。(《淮南子·说林训》)

17. 巧历不能得。(《庄子·齐物论》)

巧历不能举其数。(《淮南子·览冥训》)

18. 夫大道不称,大辩不言,大仁不仁,大廉不嗛,大勇不忮,道昭而不道,言辩而不及,仁常而不成,廉清而不信,勇忮而不成。五者圆而几向方矣。(《庄子·齐物论》)

大道无形,大仁无亲,大辩无声,大廉不嗛,大勇不矜。五者无弃而几向方矣。(《淮南子·诠言训》)

19. 孰知不言之辩,不道之道？若有能知,此之谓天府。注焉而不满,酌焉而不竭,而不知其所由来,此之谓葆光。(《庄子·齐物论》)

不言之辩,不道之道,若或通焉,谓之天府。取焉而不酌焉而不竭,莫知其所由出,是谓瑶光。(《淮南子·本经训》)

## 第二章  从文句的角度看《庄子》内篇与《淮南子》和《吕氏春秋》的先后

20. 昔者十日并出，万物皆照，而况德之进乎日者乎。(《庄子·齐物论》)

逮至尧之时，十日并出，焦禾稼，杀草木，而民无所食。(《淮南子·本经训》)

21. 庸讵知吾所谓知之非不知邪。(《庄子·齐物论》)

庸讵知吾所谓知之非不知与。(《淮南子·俶真训》)

22. 至人神矣，大泽焚而不能热，河汉沍而不能寒，疾雷破山、飘风振海而不能惊。若然者，乘云气，骑日月，而游乎四海之外，死生无变于己，而况利害之端乎。(《庄子·齐物论》)

大泽焚而不能热，河、汉涸而不能寒也。大雷毁山而不能惊也，大风晦日而不能伤也。(《淮南子·精神训》)

死生无变于己，故曰至神。(《淮南子·精神训》)

23. 见卵而求时夜，见弹而求鸮炙。(《庄子·齐物论》)

见弹而求鸮炙，而卵而求时夜。(《淮南子·说山训》)

24. 予恶乎知说生之非惑邪！予恶乎知恶死之非弱丧而不知归者邪！丽之姬，艾封人之子也。晋国之始得之也，涕泣沾襟。及其至于王所，与王同筐床，食刍豢，而后悔其泣也。予恶乎知夫死者不悔其始之蕲生乎？梦饮酒者，旦而哭泣；梦哭泣者，旦而田猎。方其梦也，不知其梦也。梦之中又占其梦焉，觉而后知其梦也。且有大觉而后知此其大梦也，而愚者自以为觉，窃窃然知之。(《庄子·齐物论》)

吾安知夫刺灸而欲生者之非惑也？又安知夫绞经而求死者之非福也。(《淮南子·精神训》)

方其梦也，不知其梦也；觉而后知其梦也。今将有大觉，然后知今此之为大梦也。(《淮南子·俶真训》)

25. 罔两问景曰。(《庄子·齐物论》)

罔两问于景曰。(《淮南子·道应训》)

26. 庖丁为文惠君解牛，手之所触，肩之所倚，足之所履，膝之所踦，砉然响然，奏刀騞然，莫不中音，合于桑林之舞，乃中经首之会。文惠君曰："嘻，善哉！技盖至此乎？"庖丁释刀对曰："臣之所好者道也，进乎技矣。始臣之解牛之时，所见无非全牛者；三年之后，未尝见全牛也；方今之时，臣以神遇而不以目视，官知止而神欲行。依乎天理，批大郤，导大窾，因其固然。技经肯綮之未尝，

# 独步庄内
## ——对《庄子》内篇成书年代的一种研究

而况大轭乎！良庖岁更刀，割也；族庖月更刀，折也；今臣之刀十九年矣，所解数千牛矣，而刀刃若新发于硎。"《庄子·养生主》

庖丁用刀十九年，而刀如新剖。（《淮南子·齐俗训》）

27. 虚室生白，吉祥止止。（《庄子·人间世》）

是故虚室生白，吉祥止也。（《淮南子·俶真训》）

28. 是之谓坐驰。（《庄子·人间世》）

是谓坐驰。（《淮南子·览冥训》）

29. 且以巧斗力者，始乎阳，常卒乎阴，泰至则多奇巧；以礼饮酒者，始乎治，常卒乎乱，泰至则多奇乐。凡事亦然，始乎谅，常卒乎鄙；其作始也简，其将毕也必巨。（《庄子·人间世》）

故以巧斗力者，始于阳，常卒于阴；以慧治国者，始于治，常卒于乱。（《淮南子·诠言训》）

30. 汝不知夫养虎者乎？不敢以生物与之，为其杀之之怒也；不敢以全物与之，为其决之之怒也。时其饥饱，达其怒心。虎之与人异类，而媚养己者，顺也；故其杀者，逆也。（《庄子·人间世》）

故夫养虎豹犀象者，为之圈槛，供其嗜欲，适其饥饱，违其怒恚。然而不能终其天年者，形有所劫也。（《淮南子·主术训》）

31. 且也若与予也皆物也，奈何哉其相物也。（《庄子·人间世》）

然则我亦物也，物亦物也，物之与物也，又何以相物也。（《淮南子·精神训》）

32. 立不教，坐不议，虚而往，实而归。（《庄子·德充符》）

坐而不教，立而不议，虚而往者，实而归。（《淮南子·俶真训》）

33. 仲尼曰："人莫鉴于流水而鉴于止水。唯止能止众。受命于地，唯松柏独也正。"常季曰："彼兀者也，而王先生，其与庸亦远矣。若然者，其用心也，独若之何？"仲尼曰："死生亦大矣，而不得与之变；虽天地覆坠，亦将不与之遗；审乎无假而不与物迁，命物之化而守其宗也。"常季曰："何谓也？"仲尼曰："自其异者视之，肝胆楚越也；自其同者视之，万物皆一也。夫若然者，且不知耳目之所宜，而游心乎德之和。物视其所一而不见其所丧，视丧其足犹遗土也。"在冬夏青青；受命于天，唯尧、舜独也正，在万物之首。幸能正生，以正众生。夫保始之徵，不惧之实，勇士一人，雄入于九军。将求名而能自要者而犹若是，而

## 第二章 从文句的角度看《庄子》内篇与《淮南子》和《吕氏春秋》的先后

况官天地、府万物、直寓六骸、象耳目、一知之所知而心未尝死者乎！彼且择日而登假，人则从是也。彼且何肯以物为事乎！（《庄子·德充符》）

人莫鉴于流沫而鉴于止水。（《淮南子·俶真训》）

唯止能止众止。（《淮南子·说山训》）

是故死生亦大矣，而不为变。虽天地覆育，亦不与之抮抱矣。审乎无瑕，而不与物糅；见事之乱，而能守其宗。（《淮南子·精神训》）

是故自其异者视之，肝胆胡越；自其同者视之，万物一圈也。（《淮南子·俶真训》）

不知耳目之宜，而游于精神之和。（《淮南子·俶真训》）

夫全性保真，不亏其身，遭急迫难，精通于天。若乃未始出其宗者，何为而不成！夫死生同域，不可胁陵，勇武一人，为三军雄。彼直求名耳，而能自要者尚犹若此，又况夫宫天地，怀万物，而友造化，含至和，直偶于人形，观九钻一，知之所不知，而心未尝死者乎。（《淮南子·览冥训》）

34. 故不足以滑和，不可入于灵府。使之和豫，通而不失于兑。使日夜无隙，而与物为春，是接而生时于心者也。（《庄子·德充符》）

不足以滑其和。（《淮南子·俶真训》）

托其神于灵府。（《淮南子·俶真训》）

使神滔荡而不失其充，日夜无伤而与物为春，则是合而生时于心也。（《淮南子·精神训》）

35. 知天之所为，知人之所为者，至矣！知天之所为者，天而生也；知人之所为者，以其知之所知以养其知之所不知，终其天年而不中道夭者，是知之盛也。虽然，有患：夫知有所待而后当，其所待者特未定也。庸讵知吾所谓天之非人乎？所谓人之非天乎？且有真人而后有真知。（《庄子·大宗师》）

知天之所为，知人之所行，则有以任于世也。（《淮南子·人间训》）

是故有真人然后有真知。（《淮南子·俶真训》）

36. 入水不濡，入火不热，是知之能登假于道也若此。（《庄子·大宗师》）

入火不热，入水不濡。（《淮南子·原道训》）

此精神之所以能登假于道也。（《淮南子·精神训》）

37. 其寝不梦，其觉无忧。（《庄子·大宗师》）

是故其寐不梦，其觉无忧。（《淮南子·俶真训》）

# 独步庄门
## ——对《庄子》内篇成书年代的一种研究

38. 喜怒通四时。(《庄子·大宗师》)

喜怒和于四时。(《淮南子·本经训》)

39. 与其誉尧而非桀,不如两忘而化其道。(《庄子·大宗师》)

与其誉尧而毁桀也,不如掩聪明而反修其道也。(《淮南子·主术训》)

40. 夫大块载我以形,劳我以生,佚我以老,息我以死。故善吾生者,乃所以善吾死也。夫藏舟于壑,藏山于泽,谓之固矣!然而夜半有力者负之而走,昧者不知也。藏小大有宜,犹有所遁。若夫藏天下于天下而不得所遁,是恒物之大情也。今特犯人之形而喜之。若人之形者,万化而未始有极也,其为乐可胜计邪?(《庄子·大宗师》)

夫大块载我以形,劳我以生,逸我以老,休我以死。善我生者,乃所以善我死也。夫藏舟于壑,藏山于泽,人谓之固矣。虽然,夜半有力者负而趋,寐者不知,犹有所遁。若藏天下于天下,则无所遁形矣。物岂可谓无大扬攉乎?一范人之形而犹喜,若人者,千变万化而未始有极也。弊而复新,其为乐也,可胜计邪?(《淮南子·俶真训》)

41. 夫道……狶韦氏得之,以挈天地;伏戏氏得之,以袭气母;维斗得之,终古不忒;日月得之,终古不息;勘坏得之,以袭昆仑;冯夷得之,以游大川;肩吾得之,以处大山;黄帝得之,以登云天;颛顼得之,以处玄宫;禺强得之,立乎北极;西王母得之,坐乎少广,莫知其始,莫知其终;彭祖得之,上及有虞,下及五伯;傅说得之,以相武丁,奄有天下,乘东维、骑箕尾而比于列星。(《庄子·大宗师》)

昔者冯夷得道,以潜大川;钳且得道,以处昆仑。扁鹊以治病,造父以御马;羿以之射,倕以之斫。(《淮南子·齐俗训》)

此傅说之所以骑辰尾也。(《淮南子·览冥训》)

42. 俄而子舆有病,子祀往问之。曰:"伟哉,夫造物者将以予为此拘拘也。"曲偻发背,上有五管,颐隐于齐,肩高于顶,句赘指天,阴阳之气有沴,其心闲而无事,胼𬺈而鉴于井,曰:"嗟乎!夫造物者又将以予为此拘拘也。"(《庄子·大宗师》)

子求行年五十有四,而病伛偻,脊管高于顶,䫜下迫颐,两脾在上,烛营指天。匍匐自窥于井,曰:"伟哉!造化者其以我为此拘拘邪?"(《淮南子·精神训》)

— 46 —

## 第二章　从文句的角度看《庄子》内篇与《淮南子》和《吕氏春秋》的先后

43. 彼方且与造化者为人。(《庄子·大宗师》)

与造化者为人。(《淮南子·原道训》)

44. 忘其肝胆,遗其耳目;反复终始,不知端倪;芒然仿徨乎尘垢之外,逍遥乎无为之业。彼又恶能愦愦然为世俗之礼,以观众人之耳目哉。(《庄子·大宗师》)

忘肝胆,遗耳目。(《淮南子·俶真训》)

反覆终始,不知其端绪。(《淮南子·精神训》)

芒然仿佯于尘埃之外,而消摇于无事之业。(《淮南子·俶真训》)

45. 鱼相忘于江湖,人相忘于道术。(《庄子·大宗师》)

夫鱼相忘于江湖,人相忘于道术。(《淮南子·俶真训》)

46. 且彼有骇形而无损心,有旦宅而无情死。(《庄子·大宗师》)

且人有戒形而无损心,有缀宅而无耗精。(《淮南子·精神训》)

47. 且汝梦为鸟而厉乎天,梦为鱼而没于渊。(《庄子·大宗师》)

譬若梦为鸟而飞于天,梦为鱼而没于渊。(《淮南子·俶真训》)

48. 颜回曰:"回益矣。"仲尼曰:"何谓也?"曰:"回忘仁义矣。"曰:"可矣,犹未也。"他日复见,曰:"回益矣。"曰:"何谓也?"曰:"回忘礼乐矣!"曰:"可矣,犹未也。"他日复见,曰:"回益矣!"曰:"何谓也?"曰:"回坐忘矣。"仲尼蹴然曰:"何谓坐忘?"颜回曰:"堕肢体,黜聪明,离形去知,同于大通,此谓坐忘。"仲尼曰:"同则无好也,化则无常也。而果其贤乎!丘也请从而后也。"(《庄子·大宗师》)

颜回谓仲尼曰:"回益矣。"仲尼曰:"何谓也?"曰:"回忘礼乐矣。"仲尼曰:"可矣。犹未也。"异日复见,曰:"回益矣。"曰:"何谓也?"曰:"回忘仁义也。"仲尼曰:"可矣。犹未也。"异日复见。曰:"回坐忘矣。"仲尼遽然曰:"何谓坐忘?"颜回曰:"堕支体,黜聪明,离形去知,洞于化通。是谓坐忘。"仲尼曰:"洞则无善也,化则无常矣。而夫子荐贤。丘请从之后!"(《淮南子·道应训》)

49. 泰氏,其卧徐徐,其觉于于,一以己为马,一以己为牛。(《庄子·应帝王》)

卧倨倨,兴眄眄,一自以为马,一自以为牛。(《淮南子·览冥训》)

50. 且鸟高飞以避矰弋之害。(《庄子·应帝王》)

# 独步庄门
## ——对《庄子》内篇成书年代的一种研究

夫雁顺风,以爱气力,衔芦而翔,以备矰弋。(《淮南子·修务训》)

51. 虎豹之文来田,猨狙之便执嫠之狗来藉。(《庄子·应帝王》)

且也虎豹之文来射,猿之捷来措《淮南子·缪称训》

52. 郑有神巫曰季咸,知人之死生、存亡、祸福、寿夭,期以岁月旬日若神。郑人见之,皆弃而走。列子见之而心醉,归,以告壶子,曰:"始吾以夫子之道为至矣,则又有至焉者矣。"壶子曰:"吾与汝既其文,未既其实。而固得道与?众雌而无雄,而又奚卵焉!而以道与世亢,必信,夫故使人得而相汝。尝试与来,以予示之。"明日,列子与之见壶子。出而谓列子曰:"嘻!子之先生死矣!弗活矣!不以旬数矣!吾见怪焉,见湿灰焉。"列子入,泣涕沾襟以告壶子。壶子曰:"乡吾示之以地文,萌乎不震不正,是殆见吾杜德机也。尝又与来。"明日,又与之见壶子。出而谓列子曰:"幸矣!子之先生遇我也,有瘳矣!全然有生矣!吾见其杜权矣!"列子入,以告壶子。壶子曰:"乡吾示之以天壤,名实不入,而机发于踵。是殆见吾善者机也。尝又与来。"明日,又与之见壶子。出而谓列子曰:"子之先生不齐,吾无得而相焉。试齐,且复相之。"列子入,以告壶子。壶子曰:"吾乡示之以太冲莫胜,是殆见吾衡气机也。鲵桓之审为渊,止水之审为渊,流水之审为渊。渊有九名,此处三焉。尝又与来。"明日,又与之见壶子。立未定,自失而走。壶子曰:"追之!"列子追之不及。反以报壶子曰:"已灭矣,已失矣,吾弗及已。"壶子曰:"乡吾示之以未始出吾宗。吾与之虚而委蛇,不知其谁何,因以为弟靡,因以为波流,故逃也。"(《庄子·应帝王》)

郑之神巫相壶子林,见其微,告列子。列子行泣报壶子。壶子持以天壤,名实不入,机发于踵。壶子视死生亦齐矣。(《淮南子·精神训》)

53. 无为名尸,无为谋府,无为事任,无为知主。体尽无穷,而游无朕。尽其所受乎天而无见得,亦虚而已!至人之用心若镜,不将不逆,应而不藏,故能胜物而不伤。(《庄子·应帝王》)

圣人不为名尸,不为谋府,不为事任,不为智主。藏无形,行无迹,游无朕。(《淮南子·诠言训》)

故圣若镜,不将不迎,应而不藏,故万化而无伤(《淮南子·览冥训》)

上面的列举表明,《庄子》内篇与《淮南子》有着极其密切的文献关联。目前所知的先秦诸子著作和两汉作品没有谁能像《淮南子》这样与《庄子》内篇

## 第二章 从文句的角度看《庄子》内篇与《淮南子》和《吕氏春秋》的先后

有如此高的文献关联度。先秦诸子大部分与《庄子》都有或多或少的文献联系,但它们主要是和《庄子》外杂篇相关。这说明拿《淮南子》与《庄子》内篇进行对勘是非常合适的。大量相近文句的出现在《庄子》内篇与《淮南子》中表明了它们有极高的文献关联度。据此,我们可以说,《庄子》内篇和《淮南子》有一个参考与被参考的关系。要不淮南子们参考了《庄子》内篇文本,要不就是《庄子》内篇的作者参考了《淮南子》。或者它们之间具有与上述等价的关系。有人说,或许《淮南子》和《庄子》内篇并没有互相参考的关系,而是古代存在着一种很全面的类百科全书,或一类书籍总汇,它或它们可成为《淮南子》和《庄子》相近内容的共同来源。[①] 笔者对此的回答是,《淮南子》本身就是此类全书,除此以外,没有任何证据显示其他这类全书的存在,即使理论上有这种可能性存在,它出现的概率也可以使它被忽略不计。

《庄子》内篇与《淮南子》之间文献关联度如此之高,说明它们有参考与被参考的关系,但到底是谁参考谁呢?

### 三、"原文详而引文略"不能成立

在文献学实践中,经常见到的一句话是"原文详而引文略"。这句话虽从未经严格论证,却似乎已成为一条当然的原则。[②] 在笔者看来,这仅仅是根深蒂固的教条而已,在理论和实践上,它均经不起推敲。

首先在理论上,这是一个完全经不起推敲的逻辑前提。在我们的思想实验中,我们很容易构想出怎样把一长的文本变短以及怎样把一个短的文本变长。对任何一个文本段落 A+B+C+D+E(A、B、C、D、E 均为一个完整的陈述句),我们都可以加上陈述 a、b、c、d、e(a、b、c、d、e 分别是对 A、B、C、D、E 的补充或解释),使得文本段落增加至 A+a+B+b+C+c+D+d+E+e,而不

---

[①] 陈丽桂在《试就今本〈文子〉与〈淮南子〉的不重袭内容推测古本〈文子〉的几个思想论题》一文中,就曾提到是否在今本〈文子〉和〈淮南子〉之间非互相抄袭而有一个共同的先秦源头?参见陈鼓应主编《道家文化研究》第十八辑第 231 页,生活、读书、新知三联书店,2000 年。

[②] 可以张恒寿和严灵峰为代表。张恒寿先生把"原文详而引文略"视为"一般文例"。见张恒寿《庄子新探》第 75 页,湖北人民出版社,1983 年。张氏把此文例贯彻于他的全部实践中。严灵峰先生在他的《列子辩诬及其中心思想》一书中,虽未对"原文详而引文略"这一原则进行论证,但他似乎把它当成一个不证自明的原则;他的《〈庄子〉引〈列子〉》的结论则几乎建立在"《列子》文详尽而《庄子》文简略"这一判断基础上,参见严灵峰《列子辩诬及其中心思想》,台湾时报文化出版事业有限公司,1973 年。

# 独步庄内
## ——对《庄子》内篇成书年代的一种研究

改变整个文本段落原有的内涵意义。同时也可以把陈述 B、D 删除,使得该文本段落变成 A+C+E,而仍然保持它原有的内涵意义。这意味着在理论上,"原文详而引文略"与"引文详而原文略"都是可能的。当人们需要详细说明一个问题时,他往往会使 A+B+C+D+E 变成 A+a+B+b+C+c+D+d+E+e,现在流行的给出要点而命题作文就是这种类型。当文本本身的内容过于繁复,或当人们把论述的重点放在它处,而需要把文本作为一个人们公认而普遍流行的背景知识时,A+B+C+D+E 就会变成 A+C+E,汉语中成语就来源于此,大部头著作的简写就是这样的实例,而"语录"和"名言集"也是很好的例子。这意味着"原文详而引文略"与"引文详而原文略"又都是完全必要的。这样的可能性和必要性意味着"原文详而引文略"与"引文详而原文略"的现象在文献年代学上是完全对等的,没有谁占有优先地位。"原文详而引文略"这个原则没有理论基础。

纵观文字演化史,两种类型的"引用"比比皆是。如今本《文子》对《淮南子》的引用就是典型的"原文详而引文略"的例子。① 而《列子》对《庄子》的引用就是典型的"引文详而原文略"的例子。②

让我们再以《吕氏春秋》和《淮南子》的情况为例。《吕氏春秋》和《淮南子》是两本成书年代十分确定、风格又极为接近的古籍。《淮南子》对《吕氏春秋》的参考、继承和扬弃是学界所一致公认的。③ 研究《淮南子》对《吕氏春秋》的引用可以很好地考察"原文"与"引文"的关系。④

---

① 今本《文子》抄袭《淮南子》而非《淮南子》抄袭今本《文子》。陈丽桂和曾达辉对此已有很好的论证,参见陈丽桂:《试就今本〈文子〉与〈淮南子〉不重袭的内容推测古本〈文子〉的思想题旨》;曾达辉:《今本〈文子〉真伪考》。两者均载陈鼓应主编《道家文化研究》第十四辑。

② 《列子》引《庄子》而非《庄子》引《列子》本来已是盖棺论定的事实,不知出于什么原因近年来却又沉渣泛起。以笔者的浅见,近年来的翻案文章除了表达论者们坚定的信仰外,罕有经得起推敲的论点和论据。

③ 胡适先生在《淮南王书》中对此有明确的意见,参见胡适:《中国中古思想史长编》145 页,安徽教育出版社,1999 年。牟钟鉴对此也有专文论述,参见牟钟鉴:《〈淮南子〉对〈吕氏春秋〉的继承和发挥》,载陈鼓应主编《道家文化研究》第十四辑第 339 页,生活、读书、新知三联书店,1998 年。

④ 下引语句《吕氏春秋》以清人毕沅校,余翔标点的《吕氏春秋》为准,《淮南子》以刘文典的《淮南鸿烈集解》为准。引用的条文为笔者的随意摭辑,并非对两书的全文检索。

## 第二章　从文句的角度看《庄子》内篇与《淮南子》和《吕氏春秋》的先后

1.《吕氏春秋·求人》：

　　昔者尧朝许由于沛泽之中，曰："十日出而焦火不息，不亦劳乎？夫子为天子，而天下已治矣，请属天下于夫子。"许由辞曰："为天下之不治与？而既已治矣。自为与？啁噍巢于林，不过一枝；偃鼠饮于河，不过满腹。归己，君乎！恶用天下？"遂之箕山之下，颍水之阳，耕而食，终身无经天下之色。

《淮南子·原道训》：

　　夫许由小天下而不以己易尧者，志遗于天下也。

2.《吕氏春秋·精通》：

　　宋之庖丁好解牛，所见无非死牛者，三年而不见生牛，用刀十九年，刃若新磨研，顺其理，诚乎牛也。

《淮南子·齐俗训》：

　　庖丁用刀十九年，而刀如新剖硎。何则？游乎众虚之间。

3.《吕氏春秋·长利》：

　　尧治天下，伯成子高立为诸侯。尧授舜，舜授禹，伯成子高辞诸侯而耕。禹往见之，则耕在野。禹趋就下风而问曰："尧理天下，吾子立为诸侯。今至于我而辞之，故何也？"伯成子高曰："当尧之时，未赏而民劝，未罚而民畏。民不知怨，不知说，愉愉其如赤子。今赏罚甚数，而民争利且不服，德自此衰，利自此作，后世之乱自此始。夫子盍行乎？无虑吾农事！"协而耰，遂不顾。

# 独步庄内
## ——对《庄子》内篇成书年代的一种研究

《淮南子·氾论训》：

  伯成子高辞为诸侯而耕，天下高之。今之时人，辞官而隐处，为乡邑之下，岂可同哉！

4.《吕氏春秋·去尤》：

  以瓦殶者翔，以钩殶者战，以黄金殶者殆。其祥一也，而有所殆者，必外有所重者也。外有所重者泄，盖内掘。

《淮南子·说林训》：

  以瓦鈲者全，以金鈲者跋，以玉鈲者发，是故所重者在外，则内为之掘。

5.《吕氏春秋·贵生》：

  越人三世杀其君，王子搜患之，逃乎丹穴。越国无君，求王子搜而不得，从之丹穴。王子搜不肯出。越人薰之以艾，乘之以王舆。王子搜援绥登车，仰天而呼曰："君乎！独不可以舍我乎？"王子搜非恶为君也，恶为君之患也。若王子搜者，可谓不以国伤其生矣。此固越人之所欲得而为君也。

《淮南子·原道训》：

  越王翳逃山穴，越人薰而出之，遂不得已。

6.《吕氏春秋·当务》：

  跖之徒问于跖曰："盗有道乎？"跖曰："奚啻其有道也？夫妄意关内，

## 第二章 从文句的角度看《庄子》内篇与《淮南子》和《吕氏春秋》的先后

中藏,圣也;入先,勇也;出后,义也;知时,智也;分均,仁也。不通此五者而能成大盗者,天下无有。"

《淮南子·道应训》:

跖之徒问跖曰:"盗亦有道乎?"跖曰:"奚适其无道也!夫意而中藏者,圣也;入先者,勇也;出后者,义也;分均者,仁也;知可否者,智也。五者不备,而能成大盗者,天下无之。"

7.《吕氏春秋·离谓》:

故惑惑之中有晓焉,冥冥之中有昭焉。

《淮南子·俶真训》:

视于冥冥,听于无声。冥冥之中,独见晓焉;寂漠之中,独有照焉。

8.《吕氏春秋·必己》:

张毅好恭,门闾帷薄聚居众无不趋,舆隶姻媾小童无不敬,以定其身。不终其寿,内热而死。单豹好术,离俗弃尘,不食谷实,不衣芮温,身处山林岩堀,以全其生。不尽其年,而虎食之。

《淮南子·人间训》:

单豹倍世离俗,岩居谷饮,不衣丝麻,不食五谷,行年七十,犹有童子之颜色。卒而遇饥虎,杀而食之。张毅好恭,过宫室廊庙必趋,见门闾聚众必下,厮徒马圉,皆与伉礼。然不终其寿,内热而死。豹养其内而虎食其外,毅修其外而疾攻?其内。故直意适情,则坚强贼之;以身役物,则阴阳食之。

# 独步庄内
—— 对《庄子》内篇成书年代的一种研究

9.《吕氏春秋·知分》：

孙叔敖三为令尹而不喜，三去令尹而不忧。

《淮南子·道应训》：

昔孙叔敖三得令尹，无喜志；三去令尹，无忧色。延陵季子，吴人愿一以为王而不肯；许由，让天下而弗受；晏子与崔杼盟，临死地不变其仪；此皆有所远通也。

10.《吕氏春秋·审为》：

太王亶父居邠，狄人攻之。事以皮帛而不受，事以珠玉而不肯，狄人之所求者，地也。太王亶父曰："与人之兄居而杀其弟，与人之父处而杀其子，吾不忍为也。皆勉处矣！为吾臣与狄人臣，奚以异？且吾闻之，不以所以养害所养。"杖策而去。民相连而从之，遂成国于岐山之下。太王亶父可谓能尊生矣。能尊生，虽贵富，不以养伤身；虽贫贱，不以利累形。

《淮南子·道应训》：

大王亶父居邠，翟人攻之。事之以皮帛、珠玉而弗受。曰"翟人之所求者地。无以财物为也。"大王亶父曰："与人之兄居而杀其弟，与人之父处而杀其子，吾弗为。皆勉处矣！为吾臣，与翟人奚以异？且吾闻之也，不以其所养害其养。"杖策而去。民相连而从之，遂成国于岐山之下。太王亶父可谓能保生矣。虽贵富，不以养伤身；虽贫贱，不以利累形。

11.《吕氏春秋·审为》：

中山公子牟谓詹子曰："身在江海之上，心居乎魏阙之下，奈何？"詹子

## 第二章　从文句的角度看《庄子》内篇与《淮南子》和《吕氏春秋》的先后

曰："重生。重生则轻利。"中山公子牟曰："虽知之，犹不能自胜也。"詹子曰："不能自胜则纵之，神无恶乎！不能自胜而强不纵者，此之谓重伤。重伤之人无寿类矣。"

《淮南子·道应训》：

中山公子牟谓詹子曰："身处江海之上，心在魏阙之下，为之奈何？"詹子曰："重生。重生则轻利。"中山公子牟曰："虽知之，犹不能自胜。"詹子曰："不能自胜，则从之；从之，神无怨乎！不能自胜而强弗从者，此之谓重伤。重伤之人，无寿类矣。"

12.《吕氏春秋·用兵》：

兵所自来者久矣。黄、炎故用水火矣，共工氏固次作难矣，五帝固相与争矣。递兴废，胜者用事。

《淮南子·兵略训》：

兵之所由来者远矣！黄帝尝与炎帝战矣，颛顼尝？与共工争矣。故黄帝战于涿鹿之野，尧战于丹水之浦，舜伐有苗，启攻有扈。自五帝而弗能偃也，又况衰世乎！

13.《吕氏春秋·知度》：

故有道之主，因而不为，责而不诏，去想去意，静虚以待，不伐之言，不夺之事，督名审实，官使自司，以不知为道，以奈何为实。

《淮南子·主术训》：

故有道之主，灭想去意，清虚以待，不伐之言，不夺之事，循名责实，使

— 55 —

# 独步庄内
## ——对《庄子》内篇成书年代的一种研究

> 有司,任而弗诏,责而弗教,以不知为道,以奈何为宝。如此,则百官之事,各有所守矣。摄权势之柄,其于化民易矣。

从以上的对照中可以看出,在所举的 13 条中,其中第 1—5 共 5 条为《吕氏春秋》详于《淮南子》,也即原文比引文详,第 7、8、9、12、13 共 5 条《淮南子》详于《吕氏春秋》,也即原文比引文略,余下 3 条则原文引文几乎相同。这就很好地说明了根据文句或段落的相同或相近无法确定文本的先后。

这里笔者想特别指出的是,在多数引用中,往往是"引文"比"原文"详细。罗根泽在论述引文和原文关系时就说过:"照一般的情形讲,先简而后详。"① 在我们上面列举的《淮南子》和《庄子》内篇的引用关系中也可看到这种情况(在上引《庄子》内篇与《淮南子》相近文句的 53 条对比中,第 8、11、18、21、22、24、26、29、33、34、35、41、42、44、52、53 等 16 条是《庄子》内篇叙述详细而《淮南子》简略,第 6、10、50 等 3 条是《淮南子》叙述详细而《庄子》简略,另外 34 条则《庄子》内篇与《淮南子》的叙述相同或基本相同),这一点大致可从四个方面予以说明。第一,从现代认知心理学的理论来看,由于人脑所固有的推理功能,故事的复述者的理解总会超过故事的文本本身,从而表述得比发明者更多。② 第二,人类的思维能力和表达能力总体上呈现出从简单到复杂、从低级到高级的发展趋势。在文字记录上,就表现出从简略到繁复、从粗糙古朴到精细曲巧。即使是对完全相同的事件,也肯定是后期的描述简略而早期的描述详尽。第三,如果有人有意作伪,作伪的心态总是使伪文显得比原文更冗长,有时甚至到了弄巧成拙、画蛇添足的地步(在中国历史上,这样的例子不胜枚举。尤以《列子》中的一些章节最为显著,梁启超就曾一针见血地予以指出)。③ 但是,"原文略而引文详"或许比"原文详而引文略"占有一点统计上的优势,正如上面我们已经证明过的一样,它显然无法成为判断文本先后的标准。

总之,依靠两文本相同或相近的文句无法确定孰先孰后。白奚对此中的无奈有一番很中肯的表述(他以马王堆《黄帝四经》与《管子》等书的年代对比为例):

---

① 罗根泽:《罗根泽说诸子》第 241 页,上海古籍出版社,2001 年。
② 参见王甦、汪安圣《认知心理学》第 355~358 页,北京大学出版社,1992 年。
③ 参见梁启超《古书真伪及其年代》第 53 页,载《饮冰室合集》第 12 卷。

## 第二章 从文句的角度看《庄子》内篇与《淮南子》和《吕氏春秋》的先后

有人认为《四经》中的某些文句比《管子》等书中的相近文句概括程度高,从而判定《四经》晚出,而相反的意见则认为《四经》的思想比较浓缩、凝练,《管子》等书是对《四经》思想的演绎、发挥和阐释,从而判定《四经》早出。有人认为《四经》中的某些文句思想比较丰富,是对《管子》等书的增益和补充,从而认为《四经》后出,而相反的意见也可以认为《管子》等书是对《四经》文句的节录和缩略,从而认为《四经》先出。有人认为《四经》的文句比较清晰严密,从而认为《四经》在后,相反的意见却认为他书的文句之所以没有《四经》的清晰严密,正因为是对《四经》的抄袭和拼凑,从而认为《四经》在先。如此各执一词,谁也说服不了谁。可见这种常见的论证方法是难以解决问题的,也是靠不住的。[①]

既然"原文略而引文详"和"原文详而引文略"都不能成为判断文本先后的依据,那如何才能确定两相关文本的先后?

### 四、相同的意义不同的表达能反映两文本的先后

上面我们说,两文本如果有相当数量的相同或相近文句,而且它们的内容意义也大致一致,这只能提示两者之间的文献关联度。两者相同或相近的文句或段落越多,说明两者的文献关联度越高。如果像《庄子》内篇与《淮南子》这样高的文献关联度,就几乎可以肯定它们间存在着参考和被参考的关系。但不管它们之间的文献关联度多高,文献关联度本身不能告诉我们谁先谁后,谁参考谁。难道相关文本中的句子和段落中真的无法给我们提供有价值的信息吗?当我们把文字符号这样的外在形式(能指)与它的内容意义这样的内在蕴涵(所指)分开来进行考察的时候,也许就能找到一条出路。形式逻辑告诉我们,相同的概念(意义)可以用不同的语词来表达,而相同的语词在不同的语境中会表示不同的概念(意义)。[②] 在古汉语和中国古典哲学中我们也经常发现同一个思想(意义)可以用不同的外在符号(语言形式)来表现;而相同或相

---

① 白奚:《〈黄帝四经〉早出的新证》,载陈鼓应主编《道家文化研究》第十四辑第264~265页。
② 参见金岳霖主编《形式逻辑》第20页,人民出版社,1979年。

# 独 步 庄 内
## ——对《庄子》内篇成书年代的一种研究

近的文字符号经不同的排列组合也可以表现不同的思想(意义)。对于我们来说重要的是,我们可以通过这样的原则来帮助我们发现相关文本的成书先后。具体来说,如果两个文句或段落表示大致相同的意义,那后出的文句或段落往往比先出的文句或段落更加切合它所要表达的意义,从而更有生命力(在形式上会显得更优美、更精确)。这其实也是进化论在文字学上的体现。适者生存,优胜劣汰。历史长河中大多数人的大多数作品都被淘汰了。当人们发现他们无法用新的文句来替代原有的文句时,有生命力的、富有表现力的文字就成为经典。当人们发现可以用一个新的文句来代替旧的文句,而且新的文句比旧的文句更契合作者所想往的意义时,旧的文句就会被取代。以我们现在的眼光为参考系,我们可以说,当两个文本都包含有表达同一个意义的文句时,较贴切的、较精练的文句应为后期的作品。如果大致相同的文句分别用在两个不同的语境中,与语境和意义契合得更好就意味着发生得更晚。

从文献参考者的角度来说,当他面对一部有见地的古书可供他自己创作参考使用时,通常有两种情况发生:第一,原文的内容能完全或大致符合他的要求,这时他会全盘采用,或接近全盘采用。第二,如果原文中有一些思想(意义)正是他所要表达的,但原文的文字形式不能满足他的要求。这时,他就会改用新的他认为更好的文字来表达。

在《庄子》内篇与《淮南子》中存在着相当数量这样的文字证据,它给我们判断两文本的先后关系提供了很好的素材。

1.《庄子·逍遥游》:

> 北冥有鱼,其名为鲲。鲲之大,不知其几千里也。化而为鸟,其名为鹏。鹏之背,不知其几千里也。怒而飞,其翼若垂天之云。是鸟也,海运则将徙于南冥。
>
> ……斥鷃笑之曰:"彼且奚适也?我腾跃而上,不过数仞而下,翱翔蓬蒿之间,此亦飞之至也,而彼且奚适也?"此小大之辩也。

《淮南子·览冥训》:

> 凤凰之翔至德也,雷霆不作,风雨不兴,川谷不澹,草木不摇,而燕雀

## 第二章　从文句的角度看《庄子》内篇与《淮南子》和《吕氏春秋》的先后

佼之,以为不能与之争于宇宙之间。还至其曾逝万仞之上,翱翔四海之外,过昆仑之疏圃,饮砥柱之湍濑,邅回蒙汜之渚,尚佯冀州之际,径躐都广,入日抑节,羽翼弱水,暮宿风穴,当此之时,鸿鹄鸧鹤莫不惮惊伏窜,注喙江裔,又况直燕雀之类乎!此明于小动之迹,而不知大节之所由者也。①

《淮南子·精神训》:

若此人者,抱素守精,蝉蜕蛇解,游于太清,轻举独往,忽然入冥。凤凰不能与之俪,而况斥鷃乎?②

以上两段,分别用"凤凰""鸿鹄"与"燕雀""斥鷃"对举,说明淮南子们当时还不知道《庄子·逍遥游》中有鲲鹏和斥鷃的寓言故事。《庄子》中"鲲鹏"无论是其本身的形象还是它引发的意境显然都比上引两节中"凤凰"和"鸿鹄"要好。如果《庄子·逍遥游》当时已问世,淮南子们不可能不知道,也不可能不引用(上面我们说过他的文献关联度极高,而《淮南子》又是专司搜集引用的类百科全书)。合理的解释只能是《淮南子》成书在前,《庄子》内篇的作者知悉《淮南子》中的"凤凰"和"鸿鹄"及其它们的上下文内容(context),但他觉得,它们还不足以表现他所要表现的宏大气势。于是他虚构了"水击三千里,抟扶摇而上者九万里"的鲲鹏这一中国文化中最富想象力的形象。联系到我们上面说的"鹏"这个词在整个先秦和前汉都未出现过,我们似乎可以肯定地的说,《庄子·逍遥游》中有关"鲲鹏"的一段出现于《淮南子》以后。

2.《淮南子·俶真训》有云:

昔公牛哀转病也,七日化为虎。其兄掩户而入觇之,则虎搏而杀之。是故文章成兽,爪牙移易,志与心变,神与形化。方其为虎也,不知其尝为人也;方其为人也,不知其且为虎也。

---

① 刘文典撰,冯逸、乔华校点:《淮南鸿烈集解》上册第202~203页,中华书局,1989年。
② 刘文典撰,冯逸、乔华校点:《淮南鸿烈集解》上册第235页。

# 独步庄门
——对《庄子》内篇成书年代的一种研究

《庄子·齐物论》则说：

> 昔者庄周梦为胡蝶，栩栩然胡蝶也。自喻适志与！不知周也。俄然觉，则蘧蘧然周也。不知周之梦为胡蝶与？胡蝶之梦为周与？周与胡蝶则必有分矣。此之谓物化。

上引庄周梦蝶的故事广为流传，但历来极少有人将它与《淮南子》中公牛哀化虎这一寓言联系起来。仔细推敲，可以发现，它们两者有着极为相似的含意。一般都认为"庄周梦蝶"的故事的含义是"物化"，其实"公牛哀化虎"这则寓言也是喻意"物化"。止庵在解释《庄子·齐物论》中"物化"一词时说：

> "俄然觉，则蘧蘧然周也"，这是庄周的视点；在此之外，增加了一个胡蝶的视点："昔者庄周梦为胡蝶，栩栩然胡蝶也，自喻适志与，不知周也。"两个视点是不同的："周与胡蝶，则必有分也。"又是对等的："不知周之梦为胡蝶与，胡蝶之梦为周与？"这就使得庄周的视点成为"之一"，而不是"一"。① 使得此刻的存在状态仅仅处于"之一"而不是全部的位置。"之一"与"之一"的关系，叫做"物化"。在"之一"和"之一"之上，还有一个"一"的视点。"物化"就是从"一"出发看"之一"的视点，即把"化"（如"周之梦为胡蝶""胡蝶之梦为周"）看成仅仅是"物"的层面上的相互变化；而从"一"来说，它们是一体的。②

从"之一"（也即"物"）的层面，《庄子》是"周与胡蝶则必有分也"；《淮南子》是"人与虎则必有分也"。"栩栩然胡蝶也。自喻适志与！不知周也。俄然觉，则蘧蘧然周也"与"方其为虎也，不知其尝为人也；方其为人也，不知其且为虎也"寓意并无不同。从"物"的层面看，"我与若与人俱不能相知也"，从"一"（也即"道"）的层面，就都是"不知周之梦为胡蝶与，胡蝶之梦为周与？"；周与蝶，人与虎并无分别，都不过是自然之"一化"而已，"道通为一"。所以上引

---

① 笔者按：这里的"一"就是"道"的状态，"之一"就是"物"的状态。
② 止庵：《樗下读庄》第 39 页，东方出版社，1999 年。

— 60 —

## 第二章 从文句的角度看《庄子》内篇与《淮南子》和《吕氏春秋》的先后

《淮南子》接着说:"夫水向冬则凝而为冰,冰迎春则泮而为水,冰水移易于前后,若周员而趋,孰暇知其所苦乐乎!"这句话语就朴实而形象地表达了上引《庄子》和《淮南子》的共同的思想。

虽然,这两个寓言的寓意相同,①但很显然,"公牛哀化虎"是一个十分素朴的陈述,而"庄周梦蝶"在文字和韵律上都明显比前者更优美传神,后者应是对前者的扬弃。"庄周梦蝶"应该是后出的作品。

3.《淮南子·主术训》:

> 故夫养虎豹犀象者,为之圈槛,供其嗜欲,适其饥饱,违其怒恚。然而不能终其天年者,形有所劫也。

《庄子·养生主》:

> 泽雉十步一啄,百步一饮,不蕲畜乎樊中。神虽王,不善也。

这两则故事粗看似乎毫不相干。而实际上,它们所要表现的都是如何养生的问题。《庄子·达生》说:"有生必先无离形,形不离而生亡者有之矣。……悲夫,世之人以为养形足以存生。而养形果不足以存生,则世奚足为哉。"这两则故事说的都是这个道理。表面上看,《淮南子》中虎豹犀象有吃有住,《庄子》中泽鸡"神虽王"。但一个不能"终其天年",另一个"不善也"。它们的共同点是生活在一个违背了自己本性的环境中,养形而未能养生。在《庄子》内篇作者看来,养生的关键是顺应自然天性,所谓"养性"是也。② 不难看出,用"泽鸡"来代替"虎豹犀象"更能体现"养性"的道理。所以《庄子·养生主》应该比《淮南子》晚出。有趣的是,《淮南子·主术训》的"形有所劫也"其实指的是"神有所劫也",而《庄子》内篇的作者好像有意与《淮南子》相对抗似的,本来《庄子·养生主》的文意应是"形虽王",但却被写成了"神虽王",与《淮南子》

---

① 严格上说,该处《庄子》的意蕴比《淮南子》更丰富,如梦本身就是一个寓意多多的主题,但该处《淮南子》的含义似都在"庄周梦蝶"的蕴涵之中。
② 钟泰说:"故庄子言'养生',犹孟子言'养性',非世俗所谓养生也。"钟泰:《庄子发微》第64页,上海古籍出版社,2002年。

# 独步庄内
## ——对《庄子》内篇成书年代的一种研究

相映成趣。有必要进一步指出的是，《庄子·养生主》最后一段"指穷于为薪，火传也，不知其尽也"上接"老聃死，秦失吊之，三号而出……"所以历来解释为"薪喻形而火喻神"。① 虽然以庄子所谓"谬悠之说，荒唐之言，无端崖之词"来衡量，做这样的解释也在情理之中。但结合本篇的"养性"主题来看，却似乎还有第二层更贴近的理解。让我们回到上述《淮南子》引文，紧接该引文的下文说："是以上多故则下多诈，上多事则下多态，上烦扰则下不定，上多求则下交争。不直之于本，而事之于末，譬犹扬堁而弭尘，抱薪以救火也。"② 这里的"薪火"之喻似乎是说人们做事要目的与方法一致，不能南辕北辙。《庄子·养生主》的"薪火"之喻似乎也是说，如果人们养生时不注意事物的本末，想通过免除泽鸡、虎豹的觅食之苦来增加它们的寿命，却又圈禁它们的身体而伤它们爱自在的天性，就会像"扬堁而弭尘，抱薪以救火"一样，事与愿违，劳而无功。如果这个解释成立，则我们只能从《淮南子》推出《庄子》，而不可能相反。

但《庄子》内篇的作者似乎感到《淮南子》这节文字有相当的价值，于是就把它放到《庄子·人间世》中："汝不知夫养虎者乎？不敢以生物与之，为其杀之之怒也；不敢以全物与之，为其决之之怒也。时其饥饱，达其怒心。虎之与人异类，而媚养己者，顺也；故其杀者，逆也。"很好地使这段文字派上了用处。这也说明《淮南子》在前，《庄子》内篇在后，否则不会出现这样的情况。

4.《庄子·齐物论》：

> 故昔者尧问于舜曰："我欲伐宗脍、胥、敖，南面而不释然。其故何也？"舜曰："夫三子者，犹存乎蓬艾之间。若不释然何哉！昔者十日并出，万物皆照，而况德之进乎日者乎！"

这段文字也是《庄子》书十分难解的一个章节。主要的问题在于"昔者十日并出，万物皆照，而况德之进乎日者乎！"到底是什么意思？几乎所有的注释都从正面来理解这一段。陈鼓应先生的注解具有代表性："这三个小国的君主，就如同生存在蓬蒿艾草中间一样，为什么要放在心上呢？从前有十个太阳并出，

---

① 参见王世舜《庄子注译》第41页，齐鲁书社，1998年。
② 刘文典撰，冯逸、乔华校点：《淮南鸿烈集解》上册第272页，中华书局，1989年。

## 第二章　从文句的角度看《庄子》内篇与《淮南子》和《吕氏春秋》的先后

普照万物,何况道德的光芒更胜过太阳的呢?"①这样的理解中规中矩,但似乎总是没有说到点子上。十个太阳并出,绝不是什么祥和宜人的事,比十个太阳还要光热,还能称得上道德吗?古人虽然与现代人有多方面的不同,但基本的情绪和感觉不应该有太大的差别。让我们回到《淮南子·本经训》的一段叙述,我们的疑云也许就会消散。

> 世无灾害,虽神无所施其德,上下和辑,虽贤无所立其功。昔容成氏之时,道路雁行列处,托婴儿于巢上……。逮至尧之时,十日并出,焦禾稼,杀草木,而民无所食。猰貐、凿齿、九婴、大风、封豨、修蛇皆为民害。尧乃使羿诛凿齿于畴华之野,杀九婴于凶水之上,缴大风于青丘之泽,上射十日而下杀猰貐,断修蛇于洞庭,禽封豨于桑林,万民皆喜,置尧以为天子。舜之时,共工振滔洪水,……是以称尧舜以为圣。晚世之时,……是以称汤、武之贤。由此观之,有贤圣之名者,必遭乱世之患也。②

原来《庄子·齐物论》的这一段取材于此。上引《淮南子·本经训》一节主要要表达的是老子"大道废,有仁义;智慧出,有大伪"的思想,是一种经典的道家"今不如昔"式的表述。回到《庄子·齐物论》,似乎"而况德之进乎日者乎"中的"日"字应是"昔"字因上部残蚀而造成。③《庄子》这一节的意思应该是:尧对舜说:"我想讨伐宗脍、胥、敖这三个国家,每当临朝,总是耿耿于怀,为什么呢?"舜对尧说:"这三个小国如同藏在蓬蒿艾草中间的小害虫而已,有什么需要担心的呢?从前,十日并出,万物都被曝晒,(各种妖怪野兽又同时出没害人,但你也只不过是派羿去平息而已,并不用自己操劳)况且你现在的德行已超过了从前。"(快达到容成氏年代"我无为而民自化"的境界了,为什么总不释怀,老是想去讨伐那三个微不足道的小国呢?)

不管怎样讲,我们只能从《淮南子》推出《庄子》这一节的意思,而从《庄子》却无法推出《淮南子》这一段的内容。这就有力地证明了《庄子》上述一节应在《淮南子》之后。

---

① 陈鼓应:《庄子今注今译》第79~80页,中华书局,1983年。
② 刘文典撰,冯逸、乔华校点:《淮南鸿烈集解》上册第253~257页,中华书局,1989年。
③ 文献学上多有这样的例子。

# 独步庄内
——对《庄子》内篇成书年代的一种研究

5.《庄子·应帝王》：

> 郑有神巫曰季咸，知人之死生、存亡、祸福、寿夭，期以岁月旬日若神。郑人见之，皆弃而走。列子见之而心醉，归，以告壶子，曰："始吾以夫子之道为至矣，则又有至焉者矣。"壶子曰："吾与汝既其文，未既其实。而固得道与？众雌而无雄，而又奚卵焉！而以道与世亢，必信，夫故使人得而相汝。尝试与来，以予示之。"明日，列子与之见壶子。出而谓列子曰："嘻！子之先生死矣！弗活矣！不以旬数矣！吾见怪焉，见湿灰焉。"列子入，泣涕沾襟以告壶子。壶子曰："乡吾示之以地文，萌乎不震不正，是殆见吾杜德机也。尝又与来。"明日，又与之见壶子。出而谓列子曰："幸矣！子之先生遇我也，有瘳矣！全然有生矣！吾见其杜权矣！"列子入，以告壶子。壶子曰："乡吾示之以天壤，名实不入，而机发于踵。是殆见吾善者机也。尝又与来。"明日，又与之见壶子。出而谓列子曰："子之先生不齐，吾无得而相焉。试齐，且复相之。"列子入，以告壶子。壶子曰："吾乡示之以以太冲莫胜，是殆见吾衡气机也。鲵桓之审为渊，止水之审为渊，流水之审为渊。渊有九名，此处三焉。尝又与来。"明日，又与之见壶子。立未定，自失而走。壶子曰："追之！"列子追之不及。反，以报壶子曰："已灭矣，已失矣，吾弗及已。"壶子曰："乡吾示之以未始出吾宗。吾与之虚而委蛇，不知其谁何，因以为弟靡，因以为波流，故逃也。"

这是一个非常详尽的故事。再看《淮南子·精神训》中的一段：

> 郑之神巫相壶子林，见其微，告列子。列子行泣报壶子。壶子持以天壤，名实不入，机发于踵。[1]

这两个故事虽然都是有关列子的，而且都有"天壤，名实不入，机发于踵"这一段话，说明它们之间是有一个参考与被参考的关系。但《庄子·应帝王》中的情节十分清楚明白，而《淮南子·精神训》却相对隐晦难解。《庄子·应帝王》

---

[1] 刘文典撰，冯逸、乔华校点：《淮南鸿烈集解》上册第233页，中华书局，1989年。

## 第二章 从文句的角度看《庄子》内篇与《淮南子》和《吕氏春秋》的先后

是借列子来说明道行修养有好几层境界,而《淮南子·精神训》则旨在指明列子"死生无变乎己"的"齐死生"胸怀。如果是《淮南子》参考《庄子》,则不应该出现只选择《庄子》故事中的一句话而又改变原意的做法。如前所述,《淮南子》的着重点是汇集整理当时各派的思想和观点,不是创立一个新的学说。而且如果淮南子们要在上引《庄子》故事中选择一句话的话,他们只会选择最高修养境界的"未始出吾宗",而不应该选择"持以天壤,名实不入,机发于踵"这样不前不后又缺乏代表性的一句。合理的解释仍是《淮南子》的列子形象在前,《庄子》内篇的作者借列子这个历史人物,并借用《淮南子》中的一段相关的语词来表达自己的观念。

6.《庄子·人间世》:

> 回曰:"敢问心斋。"仲尼曰:"若一志,无听之以耳而听之以心;无听之以心而听之以气。听止于耳,心止于符。气也者,虚而待物者也。唯道集虚。虚者,心斋也。"

这也是一段极为难解的话语。"听耳""听心"都好理解,如何"听气"呢?让我们看看《淮南子·原道训》中的一段:

> 夫内不开于中而强学问者,不入于耳而不著于心,("不"字按俞樾属衍字当省)此何以异于聋者之歌也!效人为之而无以自乐也。声出于口,则越而散矣。夫心者,五藏之主也,所以制使四支,流行血气,驰骋于是非之境,而出入于百事之门户者也。是故不得于心,而有经天下之气,是犹无耳而欲调钟鼓,无目而欲喜文章也。亦必不胜其任矣![1]

仔细观察,这两段文字都以"耳""心""气"三个阶段来展开,这两段文字的参考与被参考的关系是显然的。问题是《淮南子》中"经天下之气"之"气"似乎指的是"气志""意志"的意思(如果把"经天下之气"改成"经天下之志"现代人会更好理解。但周汉间人常"气""志"连用。《淮南子》中常见"气志",

---

[1] 刘文典撰,冯逸、乔华校点:《淮南鸿烈集解》上册第35页,中华书局,1989年。

# 独步庄内
——对《庄子》内篇成书年代的一种研究

孟子也说"持其志,勿暴其气")。《淮南子》可说是有"志"之气,而《庄子》的"气"是"虚而待物"的"心斋",是无"志"的气。《孟子》:

> 曰:"敢问夫子之不动心与告子之不动心,可得闻与?"
> 告子曰:"不得于言,勿求于心;不得于心,勿求于气。"不得于心,勿求于气,可;不得于言,勿求于心,不可。夫志,气之帅也;气,体之充也。夫志至焉,气次焉;故曰:"持其志,无暴其气。"
> 既曰"志至焉,气次焉。"又曰"持其志,无暴其气"者,何也?
> 曰:"志壹则动气,气壹则动志也,今夫蹶者趋者,是气也,而反动其心。"
> 敢问夫子恶乎长?
> 曰:"我知言,我善养吾浩然之气。"①

此节《淮南子》强调心的重要性,与《孟子》是一脉相承的。按《淮南子》的一贯风格,它不可能去借用《庄子》的语词而改变它的思想。所以实际上应该是《庄子》内篇的作者借用《淮南子》的语词来发挥自己的观念。

7.《庄子·大宗师》:

> 颜回曰:"回益矣。"仲尼曰:"何谓也?"曰:"回忘仁义矣。"曰:"可矣,犹未也。"他日复见,曰:"回益矣。"曰:"何谓也?"曰:"回忘礼乐矣!"曰:"可矣,犹未也。"他日复见,曰:"回益矣!"曰:"何谓也?"曰:"回坐忘矣。"仲尼蹴然曰:"何谓坐忘?"颜回曰:"堕肢体,黜聪明,离形去知,同于大通,此谓坐忘。"仲尼曰:"同则无好也,化则无常也。而果其贤乎!丘也请从而后也。"

这段话与《淮南子·道应训》中一段话几乎一模一样,唯一的区别是,在《淮南子》中,"忘礼乐"在前,"忘仁义"在后。② 王叔岷先生认为是今本《庄子》有

---

① 《孟子·告子上》。
② 参见刘文典撰,冯逸、乔华校点《淮南鸿烈集解》上册第404页,中华书局,1989年。

## 第二章　从文句的角度看《庄子》内篇与《淮南子》和《吕氏春秋》的先后

误,应以《淮南子》的次序为准。王先生说:"道家以礼乐为仁义之次:礼乐,外也;仁义,内也。忘外以及内,以至于坐忘。若先言忘仁义,则乖厥旨矣。"①陈鼓应先生赞同这一观点,但事实上,《庄子·大宗师》先"忘仁义"再"忘礼乐"是有它自己的逻辑的,它虽与《淮南子》的旨意相乖,但却与《庄子》内篇自己的内在结构恰相吻合。没有理由认定今本《庄子》的叙述次序有误。

《庄子·逍遥游》中说:

> 故夫知效一官,行比一乡,德合一君,而征一国者,其自视也,亦若此矣。而宋荣子犹然笑之。且举世而誉之而不加劝,举世而非之而不加沮,定乎内外之分,辩乎荣辱之境,斯已矣。彼其于世,未数数然也。虽然,犹有未树也。夫列子御风而行,泠然善也,旬有五日而后反。彼于致福者,未数数然也。此虽免乎行,犹有所待者也。若夫乘天地之正,而御六气之辩,以游无穷者,彼且恶乎待哉!故曰:至人无己,神人无功,圣人无名。

止庵认为,这段文字"可以说是一部《庄子》的缩写"②。一部《庄子》内篇就体现在"至人无己,神人无功,圣人无名"这三个层次的展开铺陈上。

庄子内篇作者在这里共描述了四种人。"夫知效一官,行比一乡,德合一君,而征一国者",是俗人的形象,是作者所鄙弃的对象。余下的三类人正好对应作者心目中"无名""无功"和"无己"的形象。宋荣子"举世而誉之而不加劝,举世而非之而不加沮,定乎内外之分,辩乎荣辱之境",把世俗的荣誉、名声置之度外,无疑是"无名"的圣人。宋荣子虽不为名誉、声望累心,但未能"无功",所以说"犹有未树"。列子"御风而行,泠然善也,旬有五日而后反。彼于致福者,未数数然也。"无疑是"无功"的神人,关锋对此的解释是:"列子不孜孜求福、求功利,不被功利所累,所限制。"③止庵说:"'无功'就是不为社会做什么"。④列子虽能"无功",但"犹有所待",未能"无己"。只有到了"若夫乘

---

① 转引自陈鼓应《老庄新论》第216页,上海古籍出版社,1992年。
② 止庵:《樗下读庄》第7页,东方出版社,1999年。
③ 关锋:《〈庄子·逍遥游〉解剖》,载哲学研究编辑部编辑《庄子哲学讨论集》第109页,中华书局,1962年。
④ 止庵:《樗下读庄》第6页,东方出版社,1999年。

# 独步庄门
## ——对《庄子》内篇成书年代的一种研究

天地之正,而御六气之辩,以游无穷者,彼且恶乎待哉!"的境界,完全摒弃自我意识,与宇宙自然合为一体,这才是作者的理想人格——"无己"之至人。虽然,《庄子》内篇中,"圣人""神人"与"至人"可以互称,但在内篇作者的心目中,"无名""无功""无己"却构成一个等级分明的逍遥的层次,有一个递进的关系。先"无名",再"无功",最后"无己",次序井然,关锋对此曾有很好的梳理。①

《庄子·齐物论》同为《庄子》内篇的核心文本。传统上,《齐物论》的主旨被认为是"齐物"或"齐物论",陈少明教授则进一步指出,《齐物论》应包括"齐物论""齐万物""齐物我"三个方面的内容。一部《齐物论》就是在论述这"齐物"三义。②"齐物论"就是不辨是非,"齐万物"就是等观万物,"齐物我"就是泯一物我。细读《齐物论》,我们看到,其实这齐物之"三义"也是分层次的。《齐物论》说:

> 古之人,其知有所至矣。恶乎至?有以为未始有物者,至矣,尽矣,不可以加矣!其次以为有物矣,而未始有封也。其次以为有封焉,而未始有是非也。是非之彰也,道之所以亏也。

《庄子》内篇的作者认为,人的精神境界有四等。"古之人"的境界最高,"有以为未始有物者"就是在他的境界中,物我不分("天地与我并生,万物与我为一。""不知周之梦为胡蝶与,胡蝶之梦为周与?")。次一层的境界是"以为有物矣,而未始有封也"。虽然有了物我的分别,有了自我和外界的对立,但对外界万物只如此观照,不加思维分别("举莛与楹,厉与西施,恢诡憰怪,道通为一。")。再其次的境界是"以为有封焉,而未始有是非也"。虽然分别出外界万物,但不从名言方面予以认定和评判,故没有是非善恶的分别("彼亦一是非,此亦一是非。""无物不然,无物不可。""仁义之端,是非之途,樊然淆乱,吾恶能知其辩?")。最末的就是俗世的此长彼短、是非纷纭的境界,故说"是非之彰也,道之所以亏也"。上述的四重境界可分别称为"无我"境界、"无封"境

---

① 参见关锋《〈庄子·逍遥游〉解剖》,载哲学研究编辑部编辑《庄子哲学讨论集》第105~110页,中华书局,1962年。
② 参见陈少明《〈齐物论〉及其影响》第19页,北京大学出版社,2004年。

## 第二章　从文句的角度看《庄子》内篇与《淮南子》和《吕氏春秋》的先后

界、"无是非"境界、"有是非"境界。"无我""无封""无是非"也就是上述的"齐物我""齐万物""齐物论"。

纵观《齐物论》的四个精神境界，除俗世的"有是非"境界，属于"不齐"的境界，对应《逍遥游》的世俗"知效一官，行比一乡，德合一君，而征一国者"外，"无我""无封""无是非"三"齐物"境界可分别对应《逍遥游》中的三逍遥层次——"无己""无功""无名"。"无我"也就是"无己"，这无须解释。"无是非"就是不计毁誉，不计对错，像宋荣子那样"举世而誉之而不加劝，举世而非之而不加沮"，所以也就是"无名"。"无封"和"无功"是怎么样的关系呢？世人的"有功"（行为）都是源于事物的"有封"（有差别），如果认为外界一如，了无差别，人们自然不会有行动。所以，"无封"也就是"无功"。齐物的三个境界与逍遥三个层次是紧密相关的，像《逍遥游》中的三逍遥层次有严谨的次序一样，《齐物论》的三齐物境界也有明确的等级，最高为"无我"，其次为"无封"，再次为"无是非"，不可混淆。

回到问题中来，《庄子·大宗师》中"坐忘"程序与《逍遥游》的三逍遥层次和《齐物论》的三齐物境界是有逻辑联系的。"忘仁义"也就是"无是非"，也就是"无名"。正如陈鼓应教授所言："'仁义'是一种内在的规范，这些规范对心灵形成一种束缚。"[①]在《庄子》内篇作者看来，它总是与人们对是非的评判，与人的言论联系一起。《庄子》内篇就有多处把"仁义"和"是非"并列。如前述《齐物论》有云："仁义之端，是非之途，樊然淆乱，吾恶能知其辩？"《大宗师》也说："汝必躬服仁义而明言是非。"又说："夫尧既已黥汝以仁义，而劓汝以是非矣。汝将何以游夫遥荡恣睢转徙之涂乎？"很明显，在《庄子》内篇作者的心目中，"仁义"与"是非"是相关联的两个概念。只有"忘仁义"才能像宋荣子那样"举世而誉之而不加劝，举世而非之而不加沮"，毁誉无牵于怀，才能"无是非"，只有"无是非"才能"无名"。"忘礼乐"也就是"无封"，也就是"无功"。"礼"与"乐"社会作用不同，[②]礼和乐本身又有各种各样的制度和形式，所以"忘礼乐"也就是"无封"；礼乐又是一种外在设施，需要人们实行，所以"忘礼乐"也就是"无功"。至于"堕肢体，黜聪明，离形去知，同于大通"的"坐忘"就

---

[①] 陈鼓应：《老庄新论》第216页，上海古籍出版社，1992年。
[②] 荀子曰："乐合同，礼别异。"参见王杰、唐镜注释《荀子》第293页，华夏出版社，2001年。

# 独步庄内
## ——对《庄子》内篇成书年代的一种研究

自然相当于上述的"无我"或"无己"了。以《庄子》内篇作者的思路,只能是先"忘仁义",再"忘礼乐",最后"坐忘"。如果混淆了"忘仁义"和"忘礼乐"的顺序,就明显丧失了《庄子》内篇的这一内在理路。这种情况恰好说明,并非《淮南子》引用《庄子·大宗师》,而是《庄子·大宗师》取材于《淮南子》,并加以改动来表达自己的意图。

### 五、《吕氏春秋》也有指标意义

上面我们证明了是《庄子》内篇参考了《淮南子》而不是相反。既然《庄子》内篇参考了《淮南子》,那它参考《吕氏春秋》当在情理之中。[1] 把《吕氏春秋》的一些文句与《庄子》内篇的一些相应文句比较,从中也的确显示出,《吕氏春秋》出现在前,而《庄子》内篇参考在后。

1.《吕氏春秋·任数》中有这么一句话:"无骨者不可令知冰"。[2] 它的喻义无疑与《庄子·逍遥游》中"小知不及大知,小年不及大年""朝菌不知晦朔,蟪蛄不知春秋"相同,据此可知当时《庄子·逍遥游》没有问世,否则,吕子们肯定会用"小知不及大知,小年不及大年""朝菌不知晦朔,蟪蛄不知春秋"这样的话语。人类的鉴赏力虽随年代的变迁而变迁,但基本的好坏标准总有一个恒定的东西在。不管怎么说,即便在吕子们的年代,他们也不会不知道"小知不及大知,小年不及大年""朝菌不知晦朔,蟪蛄不知春秋"这样的话语比"无骨者不可令知冰"这样的话语要更能贴切地表达他们的心意。即使我们退一步,认为"无骨者不可令知冰"也有它独特的韵味,但以吕子们文献董理者的角色来看,如果当时的语境中已有"小知不及大知,小年不及大年""朝菌不知晦朔,蟪蛄不知春秋"这样的话语,吕子们也是绝不会放弃这么传神的话语的。

2.《吕氏春秋·本味》有一段叙述:"藿水之鱼,名曰鳐,其状若鲤而有翼,常从西海夜飞游于东海。"[3]《吕氏春秋》这一段主要要讲的是有关鱼的奇闻怪说。很显然,吕子们不知道《庄子》中鲲鹏的寓言,否则他们不可能放着"不知其几千里也"之大的鲲不写,而去津津有味地描述丝毫不能刺激人想象力的小

---

[1] 按王叔岷先后的统计,《庄子》内篇与《吕氏春秋》有5条相近的文句。参见王叔岷《吕氏春秋引用庄子举正》,载陈鼓应主编《道家文化研究》第十辑第252~253页,上海古籍出版社,1996年。
[2] 〔汉〕高诱注,〔清〕毕沅校,余翔标点:《吕氏春秋》第295页,上海古籍出版社,1996年。
[3] 〔汉〕高诱注,〔清〕毕沅校,余翔标点:《吕氏春秋》第212页,上海古籍出版社,1996年。

## 第二章　从文句的角度看《庄子》内篇与《淮南子》和《吕氏春秋》的先后

鳐了。

3.《吕氏春秋·应言》：

> 白圭谓魏王曰："市丘之鼎以烹鸡，多洎之则淡而不可食，少洎之则焦而不熟，然而视之蝺焉美，无所可用。惠子之言，有似于此。"惠子闻之，曰："不然。使三军饥而居鼎旁，适为之甑。则莫宜之此鼎矣。"白圭闻之，曰："无所可用者，意者徒加其甑邪？"①

《庄子·逍遥游》：

> 惠子谓庄子曰："吾有大树，人谓之樗。其大本臃肿而不中绳墨，其小枝卷曲而不中规矩。立之涂，匠者不顾。今子之言，大而无用，众所同去也。"庄子曰："子独不见狸狌乎？卑身而伏，以候敖者；东西跳梁，不避高下；中于机辟，死于罔罟。今夫斄牛，其大若垂天之云。此能为大矣，而不能执鼠。今子有大树，患其无用，何不树之于无何有之乡，广莫之野，彷徨乎无为其侧，逍遥乎寝卧其下。不夭斤斧，物无害者，无所可用，安所困苦哉！"

仔细比较，就会发现，这两段文字要表达的意义是相似的。如果说它们有什么不同，那就是《庄子·逍遥游》的内容更加丰富。用一句数学的话语来说，《庄子·逍遥游》的这节内容是一个包含《吕氏春秋》上述内容的一个更大的集。不管怎么说，如果吕子们编书时，上引《庄子》文字已存在，他们完全可以用《庄子·逍遥游》中的这个现成漂亮故事，实在没有必要用一个相对蹩脚的"白圭对魏王"。现在的事实只能证明吕子编书时《庄子·逍遥游》不存在。相反，《庄子》内篇的作者倒是看到过《吕氏春秋》中这个故事，但他似乎觉得，吕子们的文采还不能令人满意，于是他写下子《庄子·逍遥游》这一段更脍炙人口的故事。

---

① 〔汉〕高诱注，〔清〕毕沅校，余翔标点：《吕氏春秋》第330～331页，上海古籍出版社，1996年。

# 独步庄内
## ——对《庄子》内篇成书年代的一种研究

4.《庄子·德充符》：

申徒嘉，兀者也，而与郑子产同师于伯昏无人。子产谓申徒嘉曰："我先出则子止，子先出则我止。"其明日，又与合堂同席而坐。子产谓申徒嘉曰："我先出则子止，子先出则我止。今我将出，子可以止乎？其未邪？且子见执政而不违，子齐执政乎？"申徒嘉曰："先生之门固有执政焉如此哉？子而说子之执政而后人者也。闻之曰：'鉴明则尘垢不止，止则不明也。久与贤人处则无过。'今子之所取大者，先生也，而犹出言若是，不亦过乎！"

子产曰："子既若是矣，犹与尧争善。计子之德，不足以自反邪？"申徒嘉曰："自状其过以不当亡者众；不状其过以不当存者寡。知不可奈何而安之若命，唯有德者能之。游于羿之彀中。中央者，中地也；然而不中者，命也。人以其全足笑吾不全足者众矣，我怫然而怒，而适先生之所，则废然而反。不知先生之洗我以善邪？吾之自寐邪？吾与夫子游十九年，而未尝知吾兀者也。今子与我游于形骸之内，而子索我于形骸之外，不亦过乎！"子产蹴然改容更貌曰："子无乃称！"

《吕氏春秋·下贤》：

子产相郑，往见壶丘子林，与其弟子坐必以年，是倚其相于门也。夫相万乘之国而能遗之，谋志论行而以心与人相索，其唯子产乎！①

这两段文字的长短详略好像相差很大，细细推敲，就会发现它们讲的是一个相同的故事，它们之间的内容意义也相当接近。这同时表明《庄子》这段文字是对《吕氏春秋》的继承和发挥，而不可能相反，从上引《庄子》文中推不出这里的《吕氏春秋》此段文字。我们知道，同淮南子们一样，吕子们是汇集者，而不是创作家。

---

① 〔汉〕高诱注，〔清〕毕沅校，余翔标点：《吕氏春秋》第245~246页，上海古籍出版社，1996年。

## 第二章　从文句的角度看《庄子》内篇与《淮南子》和《吕氏春秋》的先后

5.《吕氏春秋·下贤》：

恳乎其诚自有也，觉乎其不疑有以也，桀乎其必不渝移也，循乎其与阴阳化也，匆匆乎其心之坚固也，空空乎其不为巧故也，迷乎其志气之远也，昏乎其深而不测也，确乎其节之不庳也，就就乎其不肯自是，鹄乎其羞用智虑也，假乎其轻俗诽誉也。以天为法，以德为行，以道为宗。与物变化而无所终穷，精充天地而不竭，神覆宇宙而无望。①

《庄子·大宗师》：

与乎其觚而不坚也，张乎其虚而不华也；邴邴乎其似喜也，崔崔乎其不得已也，滀乎进我色也，与乎止我德也，广乎其似世也，口乎其未可制也，连乎其似好闭也，悗乎忘其言也。以刑为体，以礼为翼，以知为时，以德为循。以刑为体者，绰乎其杀也；以礼为翼者，所以行于世也；以知为时者，不得已于事也；以德为循者，言其与有足者至于丘也，而人真以为勤行者也。

根据上面所贯彻的逻辑，对比上两段，可知是《庄子·大宗师》继承了《吕氏春秋》。

---

① 〔汉〕高诱注，〔清〕毕沅校，余翔标点：《吕氏春秋》第 244 页，上海古籍出版社，1996 年。

**独步庄门**
——对《庄子》内篇成书年代的一种研究

# 第三章　从基本观念看《庄子》内篇所属年代

上面我们已经从字词和文句两个方面证明《庄子》内篇的后出，下面我们再从思想脉络方面来分析《庄子》内篇的主要观念，看看它们到底源自何方？

我们知道古印度文化是一种很高级的文化，[①]而《庄子》在中国文化中又以其"俶诡幻怪之名闻"，形而上的味道极浓。章太炎先生曾用佛教唯识学对《庄子·齐物论》进行剖析，[②]庄学面目为之一新。马叙伦先生也曾说："庄子学说，似受印度哲学的影响颇深。"[③]通过下面的分析，我们将看到《庄子》中一些主要观念与中国先秦本土的思想体系缺乏必要的勾连，而与古印度思想却有着高度的同源性。

## 一、梦觉皆幻的世界观

### （一）

"庄周梦蝶"讲的是中国文人人人皆知的寓言故事：

　　昔者庄周梦为胡蝶，栩栩然胡蝶也。自喻适志与！不知周也。俄然

---

[①] 恩格斯说："辩证思维……只对于人才是可能的，并且只对于处于较高发展阶段的人（佛教徒和希腊人）才是可能的，而其充分的发展还要晚得多。"转引自巫白慧印度《哲学——吠陀经探义和奥义书解析》，东方出版社，2000年。

[②] 参见章太炎《齐物论释定本》，载《中国现代学术经典——章太炎卷》，河北教育出版社，1996年。

[③] 转引自杨荣国《庄子思想探微》，载《庄子哲学讨论集》第293页，中华书局，1962年。未见马先生的原文，十分遗憾。

## 第三章 从基本观念看《庄子》内篇所属年代

觉,则蘧蘧然周也。不知周之梦为胡蝶与?胡蝶之梦为周与?周与胡蝶则必有分矣。此之谓物化。①

尽管人们对该寓言有多种多样的理解和解释,但有一点应该是谁也不会反对的,那就是在庄子的意识中,梦和醒并没有本质区别。这一点《齐物论》中还有明确的表述:

梦饮酒者,旦而哭泣;梦哭泣者,旦而田猎。

梦的虚幻性是普遍常识,不言而喻。但是:

方其梦也,不知其梦也。梦之中又占其梦焉,觉而后知其梦也。且有大觉而后知此其大梦也,而愚者自以为觉,窃窃然知之。"君乎!牧乎!"固哉!丘也与女皆梦也,予谓女梦亦梦也。是其言也,其名为吊诡。万世之后而一遇大圣知其解者,是旦暮遇之也。

《庄子·大宗师》也说:

且汝梦为鸟而厉乎天,梦为鱼而没于渊。不识今之言者,其觉者乎?其梦者乎?

世人只知道梦为梦,而焉知我们所谓的"觉"不是梦呢?只不过人们被"无始无明"所缚,总以为觉醒时的世界为真实,而梦中的天地为虚假。一旦什么时候得到"真人"点拨,豁然洞开,就会体会到梦觉皆幻的宇宙实相。

"梦觉皆幻"的思想在中国古代思想史上是独一无二的。纵观庄子之前的儒家"五经"②和先秦诸子都没有对"梦"和"觉"孰真孰假做过反思。在中国先

---

① 《庄子·齐物论》。
② 笔者认为,《诗》《书》《易》等五经不仅是儒家的经典,它们同时也是中国文化的经典,是诸子百家共同的经典。汉景帝时,《老子》尚被讥为"家人言"(事见《汉书·儒林传》),可见诸子成为经典是晚起之事。

# 独步庄内
## ——对《庄子》内篇成书年代的一种研究

秦人的心目中,外在客观世界的真实性是毋庸置疑的。无论是《尚书》中《尧典》《舜典》,还是《诗经》中《小雅》《大雅》,都没有透露出他们对这个实实在在的世界有过丝毫的怀疑。《周易》虽不乏神秘,但它的"龙"是现实存在的;《礼记》虽承认有天上的神灵,但它同样认可地上福祉的真实可享。此外如《春秋三传》、如《论语》、如《孟子》等等,都是对世俗社会的描述和建议,都未涉及世界的真实性问题。与《庄子》并称的《老子》虽然认定"道之为物,惟恍惟惚",但他对这个世界的客观存在毫不怀疑。即使在《离骚》《天问》这样想象奇特放纵的作品中,屈原虽对宇宙人生诸多现象充满疑惑和不满,但他对外在世界本身却并未有任何疑问。冯友兰先生就曾精辟做过这样的结论:"中国人从根本上说都是实在论者。"①

(二)

与上述中国先秦本土世界观形成鲜明对照的是,古代印度人对世界的真实性有一种源远流长式的怀疑。虽然在印度 5000 年的历史中,也有各种各样的实在论(唯物主义)的世界观,如外道的顺世派和正统的胜论派,但不可否定的是,非实在论的世界观似乎总是印度思想的主流。② 印度是一个善于沉思冥想的民族,现实和梦境在他们看来似乎在本质上就难以分别。我们都知道佛教唯识学有"万法唯识"之说,认为外在世界只不过是人类意识的产物。《维摩诘经》也有"知诸法如幻相"之论。③ 但其实在印度,早在吠陀年代,人们就有了世界幻化的思想。在《梨俱吠陀·婆楼那赞》中我们看到这样的诗篇:

<blockquote>
彼以摩耶,揭示宇宙,既摄黑夜,又施黎明……<br/>
驱散摩耶,直上穹苍。其余怨敌,愿皆消亡。④
</blockquote>

"摩耶"( maya)是梵文,意思是"幻,幻力,幻术"。这里的哲学含意是:宇宙万

---

① 参见冯友兰《中国哲学史新编》。
② 参见黄心川《印度哲学史》第 17~18 页,商务印书馆,1989 年。又见巫白慧《印度哲学——吠陀经探义和奥义书解析》147 页,东方出版社,2000 年。
③ 道生等注译:《维摩诘经今译》第 26 页,中国社会科学出版社,2003 年。
④ 引自巫白慧《印度哲学——吠陀经探义和奥义书解析》第 146 页,东方出版社,2000 年。

## 第三章 从基本观念看《庄子》内篇所属年代

有是因婆楼那神实施幻术而显现,它也因婆楼那神回收幻术而消失。客观世界只是天神为娱乐而玩弄的一场神通游戏,它本身并没有它的"自性"。当人们领悟到这场如幻非真的宇宙游戏时,心灵就会冲破世界幻象的障碍,返回本真,与宇宙本体融合为一。①

到了奥义书年代,摩耶继续它的神奇的工具功能。在绝大多数奥义书的作者看来,唯一真实存在的只有"梵"(Brahma),梵为"不变灭者。非粗,非细;非短,非长;非赤,非润;无影,无暗,无风,无空;无着,无味,无臭;无眼,无耳;无语,无意;无热力,无气息;无口,无量,无内,无外;彼了无所食,亦无食彼者。"②世界万象都只是"梵"的幻现,本身没有实在性,故是假。奥义书中有一个典型的比喻,专门用来说明梵与幻的真假关系:"应知自性是幻象,大自在天乃幻师;他的肢体是众生,以此充满全世界。"③此中的"自性"即自然界(包括生物界和非生物界)。"大自在天"又名大梵天,是"梵"外现的化身,为一人格化的神。这里的意思是:大梵天就像魔术师一样,以自己的神奇幻力,变现出一个森罗万象的世界。这个世界就像魔术师变出来的一样,是一个没有实体的幻象。

在《大林间奥义书》中,就有了把梦境和觉境等同起来的倾向:

> 彼在此睡梦之境戏乐游遨,而睹善恶功过已,乃复循其所从来之路,所出发之处,而驰返于醒觉境中。凡彼在该处所见者,于彼皆无所攖累。此神我无着故也。……彼在其觉醒之境,戏乐游遨,而睹善恶功过已,乃复循其所从来之路,所出发之处,而驰返于睡梦境中。④

此处奥义书的作者已明确指出梦境为"神我"所造就。对觉境的客观真实性虽然没有提出公开的质疑,但其中已强烈暗示,醒觉世界同样是"神我"所

---

① 参见巫白慧《印度哲学——吠陀经探义和奥义书解析》第147页,东方出版社,2000年。
② 徐梵澄译:《五十奥义书》第590页,中国社会科学出版社,1984年。
③ 此为巫白慧先生的译法。徐梵澄先生的汉译为:"自性即摩耶。当知摩耶主,即是大自在。其分为万有,遍满此世界。"见徐梵澄译:《五十奥义书》第410页,中国社会科学出版社,1984年。
④ 徐梵澄译:《五十奥义书》第612~613页。中国社会科学出版社,1984年。

# 独步庄内
——对《庄子》内篇成书年代的一种研究

虚构。①

此外,摩耶(幻)又发展成为一种"幻论"——一种观察事物的根本原则或基本方法,从客观唯心论走向主观唯心论。如在《大林间奥义书》的另一节中,作者就明确表达出客观世界依主观世界而起的思想:

> 唯然,此世界三重,名,色,业是也。
> 其属于名者:所谓语言也,名之颂赞也;盖一切名皆起于是。……其次属于色者:所谓眼也,其颂赞也;盖一切色皆起于是。……其次属于业者:所谓身也,其颂赞也;盖一切业皆起于是。虽则三重也,然而为一,即"自我"也。②

在印度哲学中,名(语言)、色(物质)常常连用,"名色"泛指外在客观对象。上引文句就清楚地指出,客观世界的三元素(名、色、业)来源于主观之三功能(语、眼、身)。我们大致可以这样来领会:语言名称之所以这样成立,是由于我们就这么说而已;外在对象之所以这样呈现,是由于我们就这么看而已;行为(及其后果)之所以这样,③只是由于我们这么做了而已。外在世界并没有本真的存在。而它们最终来源于"自我"(Atman)这一纯粹精神,来自大梵。

进入《梵经》及以后的年代,人们进而多从"无明"(avidya)对梵的遮蔽来理解幻,梵本身是绝对同一的,世界万象是由于"无明"对梵的遮蔽而呈现。只有梵才是真实的存在,而现象世界则是虚假的。最有代表性的学者为乔荼波陀和商羯罗。

乔荼波陀的代表作是他的《圣教论》,在这部诗颂中,他对梦觉皆幻的理论做了深入的阐述。

首先,梦是虚假的:

---

① 参见〔印度〕德·恰托巴底亚耶著,黄宝生、郭良鋆译《印度哲学》第90页,商务印书馆,1980年。
② 徐梵澄译:《五十奥义书》第548页,中国社会科学出版社,1984年。
③ 笔者按,印度思想中,业(karma)总是和它的后果联系在一起的。

## 第三章　从基本观念看《庄子》内篇所属年代

　　梦里所见一切有，
　　智者说言是虚妄；
　　诸有生起于内在，
　　故受封闭因制约。①

由于梦境是一种意识的封闭状态，做梦的主体是梦境的创造者，梦境内在于人意识中，所以梦是虚假的。

其次，梦境固然虚妄，觉时也同样非真：

　　应知亦由内在因，
　　故有醒时诸差别；
　　醒境如同梦里境，
　　二者封闭无差别。②

乔氏认为，梦中境界和现实境界相同，梦里情景之所以虚妄非真，是由于产生于"内在"和"封闭"。觉醒时展现在眼前的包罗万象的世界其实也是人们意识变现的，同样产生于"内在"和"封闭"，所以它们其实也是虚妄不真的。在乔氏看来，我们所感觉到的客观世界都是梵通过摩耶这种神奇的力量所创造出来的。众人因为"无明"而误认幻相为真相。一旦无明消除，幻相就随之消失，我们就能洞见唯一无差别的大梵实相。③

商羯罗对其之前的宇宙观理论做了总结和发展。他认为，梵本身是没有什么属性的精神实体。但一般俗人因为"无明"的缘故，给它硬加上种种属性。于是就有了两个梵：一个是无属性、无差别、无限制的上梵；一个是有属性、有差别、有限制的下梵。现象世界就是由"无明"所产生的，本来并非实在，只是一种幻现。商羯罗把摩耶等同于无明，从客观方面讲，梵通过摩耶来幻化这个现象世界；从主观方面讲，是由于我们的"无明"使我们只感觉到这个世俗的现

---

① 引自巫白慧译释《圣教论》第52~53页，商书印书馆，1999年。
② 引自巫白慧译释《圣教论》第54页，商书印书馆，1999年。
③ 参见孙晶《印度吠檀多不二论哲学》第36页，东方出版社，2002年。

# 独步庄门
## ——对《庄子》内篇成书年代的一种研究

象世界而"看"不到宇宙实相。①

通过上面的分析,我们看到,《庄子》内篇梦觉皆幻的世界观与印度以奥义书与吠檀多派为代表的正统哲学是一致的。

(三)

现在我们再回来看看《庄子·齐物论》:

> 古之人,其知有所至矣。恶乎至?有以为未始有物者,至矣,尽矣,不可以加矣。其次,以为有物矣,而未始有封也。其次,以为有封焉,而未始有是非也。是非之彰也,道之所以亏也。

前面我们就征引过这段文字,但笔者认为此段文字乃《庄子》内篇之核心表述,实在还有进一步探讨之必要。这段文字常被人当成宇宙生成论来理解,②但它实际上是一个典型的境界论的表述。它和前述的印度特有"幻现论"是一脉相承的。冯友兰先生的解释似乎较符合《庄子》内篇作者的原意:

> "古之人"这一段,讲的就是所谓"至人"对于道的认识。"至人"没有任何理智的知识,他甚至连"物"这个概念也没有……。他的心理状态只有一片混沌。……他所认为次一等的人知道有物,但是对物没有作分别("有封")。他所认为再次一等的人对于物已作了分别,但是还没有觉得哪些东西是,哪些东西是非。有了分别又有了是非,在这种情况下,"道"就"亏"了。③

陈少明教授对这段话也有精深的理解。他认为,这里庄子要说的是知的四个层次:

> 至知是未有,即无;次知是有而不分,只是一种抽象的"有";再次是对

---

① 参见孙晶《印度吠檀多不二论哲学》第62~63页,东方出版社,2000年。
② 如陈鼓应先生就有这样的误解。见陈鼓应《庄子今注今译》上册第70页,中华书局,1983年。
③ 冯友兰《中国哲学史新编》上册第414~415页,人民出版社,1998年。

## 第三章　从基本观念看《庄子》内篇所属年代

物作审察区分的功夫,是是非的前提;而最次是对是非得失的计较,这是对"道"整体的损害。①

他认为"齐物论"的关键,"不是在揭示事物的真相是什么,而是告诉我们,如何把事物看作什么。借一个通俗的说法,是一个世界观的问题。"②陈氏的论述可说"一语道破天机"。《庄子》内篇的世界观的重点在主观不在客观。世界绝不是离开人的意识的独立存在。相反,本真的存在(梵或道)是无相无声的,外在万象是由于人的"无明"所幻现,"名色"生起于人的理智。所以庄子这里的意思是:

"古之人"的智慧最高,在他的世界中只有"道",没有物,混沌一片(未始有物),这是最高的境界,在这种境界中,物我不分,主客双泯,能所合一。这可称为"无物"(或"无我")的境界。

次一等的人智慧稍逊,他的世界已有主客的对峙、物我的界线。但外界尚只处于一种抽象的有的状态,并未呈现出万象包罗(未始有封)。这可称为"无封"的境界。

再次一等的智慧又差,他的世界中不仅物我分明,外在对象也已形色各异,千姿百态,但尚未形成彼是此非、你对我错的价值观。这可称为"无是非"的境界。

最低智慧的人,他的世界既千差万别,且个别之物都在他的价值体系中有了自己的位置。这可称为"有是非"的境界。这个境界的人总是聚讼纷纭,是此非彼。

"道"就是绝对同一,无相无差别的"未始有物"境界。从有物、有封到有是非,是对"道"的不断背离,所以说"是非之彰也,道之所以亏也"。

总之,外在世界随个人的境界不同而有不同的呈现,本身并无"自体",因而并不真实。

这里特别要注意的是,"物"和"封"属于"色"(物质范畴),"是非"属于"名"(精神范畴),把"物""封"和"是非"放在同一层面来论述,这与把名和色

---

① 陈少明:《〈齐物论〉及其影响》第25页,北京大学出版社,2004年。
② 陈少明:《〈齐物论〉及其影响》第61页,北京大学出版社,2004年。

# 独步庄内
## ——对《庄子》内篇成书年代的一种研究

等量齐观的印度思维方式是一致的。

紧接着在这段文字不远处,《庄子》内篇的作者说：

> 今且有言于此,不知其与是类乎？其与是不类乎？类与不类,相与为类,则与彼无以异矣。虽然,请尝言之：有始也者,有未始有始也者,有未始有夫未始有始也者；有有也者,有无也者,有未始有无也者,有未始有夫未始有无也者。俄而有无矣,而未知有无之果孰有孰无也。今我则已有谓矣,而未知吾所谓之其果有谓乎？其果无谓乎？

"有始也者,有未始有始也者,有未始有夫未始有始也者；有有也者,有无也者,有未始有无也者,有未始有夫未始有无也者。"这段话恐怕可算是中国哲学史上最富争议性的一段文字。与它几乎相同的是《淮南子·俶真训》刚开始的一段："有始者,有未始有有始者,有未始有夫未始有有始者；有有者,有无者,有未始有有无者,有未始有夫未始有有无者。"

传统的观点认为,《庄子》内篇在前,《淮南子》在后,是《淮南子》的作者抄袭了《庄子》。现在看来,应是《庄子》内篇的作者引用《淮南子》来阐述自己的思想。《淮南子·俶真训》对这段文字进行了详尽的解释：

> 所谓有始者,繁愤未发,萌兆芽孽,未有形埒垠堮,冯冯蠕蠕,将欲生兴而未成物类。有未始有有始者,天气始下,地气始上,阴阳错合,……欲与物接而未成兆朕。有未始有夫未始有有始者,天含合而未降,地怀气而未扬,虚无寂寞,萧条霄霓,无有仿佛,气遂而大通冥冥者也。有有者,言万物掺落,……可切循把握而有数量。有无者,视之不见其形,听之不闻其声,扣之不可得也,望之不可极也。……浩浩瀚瀚,不可隐仪揆度,而通光耀者。有未始有无者,包裹天地,陶冶万物,大通混冥。深宏广大,不可为外；析豪剖芒,不可为内。无环堵之宇,而生宇宙之根。有未始有夫未始有有无者,天地未剖,阴阳未判,四时未分,万物未生,汪然平静,寂然清澄,莫见其形。

仔细勘查,可以发现淮南子们对这段文字所作的宇宙生成论的解释明显偏离了文本的原意。这段文字的确切意义各家臆解多多,但似乎都缺乏文献依据。以中国现存先秦文献,似也不能对此有一个完满的解答。[①] 我们不妨从古代印度思想中来寻找问题的答案。

## (四)

对于宇宙本体与时空的关系,印度哲人在吠陀时期就已有了探讨。对于时间,著名的《梨俱吠陀》的《原人歌》就说:"唯此原人,是诸一切;既属过去,又属未来。"[②]对于空间,它说:"原人之神,微妙现身;包摄大地,上下四维。"[③]这里反映的思想是,其一,时空非客观存在,它为"原人"所造;其二,"原人"作为世界的本体和本源,它本身超越时空。这里的"原人"就是后来的梵的前身。

与此相关,宇宙源自于"有"(sat),还是源自于"无"(asat),印度哲学也很早就有探讨。吠陀年代的人们认为,宇宙分为两部分。一部分为"有",它有光热和湿度,受神圣法则所支配。另一部分为"无",它没有"有"所具备的一切。神仙和人类住在"有"中,而魔鬼住在"无"中。神仙和魔鬼进行着无休止的战争。吠陀人认为人应该和神结成同盟,一致对付魔鬼。[④] 后来,《梨俱吠陀》中一支著名的神曲《有无歌》提出"无既非有,有亦非有"论断,吠陀哲学家设想的绝对实在——本体是无规定性的,它超越一切推理和判断。既不能把它判断为无——"无既非有",也不能把它判断为有——"有亦非有"。对它来说,似乎名言概念对它的规定和判断都是无效的,于是吠陀人就称它为"彼一"。到了奥义书年代,我们见到不少论及"有""无"的颂句。具典型意义的有《泰迪黎耶奥义书》:

太初此"无有",
由此唯"有"生。
以其自"己"作,

---

[①] 《老子》虽然有不少"有""无"的言论,但由于《老子》为箴言集,缺乏一完整的义理系统。目前依靠《老子》很难解决这个问题。
[②] 转引自巫白慧《印度哲学——吠陀经探义和奥义书解释》第49页,东方出版社,2000年。
[③] 转引自巫白慧《印度哲学——吠陀经探义和奥义书解释》第49页,东方出版社,2000年。
[④] 参见孙晶《印度吠檀多不二论哲学》第76~77页,东方出版社,2002年。

# 独步庄内
## ——对《庄子》内篇成书年代的一种研究

故曰为善成。①

徐梵澄先生对该诗颂作如下注解:"太初"乃次序之始,而非任何年代之始。此为永恒之现在,创造乃其永恒之波流。此于人之经验为不可能者也。"无有"既"无有之体",而非龟毛兔角之无。……此可谓无功德之体。② 这里的"无有"(或称作"无")就不是日常语言意义上具体的"无",它充其量不过是梵的另一种称谓而已。这里反映的仍然是"无既非有"的思想。

在《唱赞奥义书》中,我们看到:

吾儿,太初唯"有",独一无二者也。有说太初唯是"非有"者,独一无二;由"非有"而"有"生焉。虽然,吾儿,何由而可如是耶?如何由"非有"而生"有"耶?太初唯"有",独一无二者也。③

这里作者反对无能生有,坚持"有"是独一无二的。徐梵澄先生认为,这里的"有"是有知觉者,是能动者。这里的"无二"有"无分""不可分"的意义。所以这个"有"也非世俗意义上具体的"有",它其实也是指的唯一者——梵。④ 这里反映的也还是"有亦非有"的思想

总之,奥义书的主导思想认为,"有"和"无"都是梵的"强为之名"。本质上梵是绝对的无差别的"存在"。但这种"存在"不是我们经验中的具体的"有",它是我们理智和名言概念所无法把捉的"大全""遍有"。《离所缘奥义书》说:"彼昭明者,非语言可说,是无二者,是为大全……,无始无卒。"⑤《蒙查羯奥义书》也说:"大哉此神圣,形相超思量,……不可以眼见,亦非语言摄,……静定乃见彼,无分是太一。"⑥ "无始无卒"就是超越时间;"无二""无分"

---

① 徐梵澄译:《五十奥义书》第 300 页,中国社会科学出版社,1984 年。巫白慧先生对该颂前两句的翻译为:"诸天之初际,从无产生有。"见巫白慧《印度哲学——吠陀经探义和奥义书解析》第 227 页,东方出版社,2000 年。
② 徐梵澄译:《五十奥义书》第 300 页,中国社会科学出版社,1984 年。
③ 徐梵澄译:《五十奥义书》第 198 页,中国社会科学出版社,1984 年。
④ 参见徐梵澄译《五十奥义书》第 199 页,中国社会科学出版社,1984 年。
⑤ 徐梵澄译:《五十奥义书》第 678 页,中国社会科学出版社,1984 年。
⑥ 徐梵澄译:《五十奥义书》第 708 页,中国社会科学出版社,1984 年。

## 第三章　从基本观念看《庄子》内篇所属年代

就是超越空间。

《薄伽梵歌》也认为梵超绝名相和时空：

汝即最高之梵我,称为非有亦非无。①
永不泯灭无上我,既无诸德又无始。②

### （五）

《淮南子·俶真训》中这段文字与上述印度思想应该是一致的。它的重点在于论证"道"即"梵"的绝对和超言绝象。正如《庄子·大宗师》中所摹写的：

夫道有情有信,无为无形;可传而不可受,可得而不可见;自本自根,未有天地,自古以固存;神鬼神帝,生天生地;在太极之先而不为高,在六极之下而不为深,先天地生而不为久,长于上古而不为老。

"有情有信,无为无形;可传而不可受,可得而不可见"指的是道虽存在但却在我们经验之外。"在太极之先而不为高,在六极之下而不为深,先天地生而不为久,长于上古而不为老"指的是道的存在超越了世俗的语言文字（高而不高,深而不深,久而不久,老而不老）。

"有始者,有未始有有始者,有未始有夫未始有有始者;有有者,有无者,有未始有有无者,有未始有夫未始有有无者。"这段话似乎也是要对"道"或"梵"的绝对和不可捉摸作一逻辑上的论证。在时间上,任何具体的物象都是有始有终,有时间限制的,而道是无始无终的。如果说它有始,那有始以前的内容（"未始有始"）就在它之外,它就不成其为"大全",更何况还有更前的内容呢！（"未始有夫未始有有始"）……。所以说,道是超越时间的,是无始无终的。再次,从空间角度来看,任何具体物象都会有边界（庄子所谓"有封"）。如果认为具体物象为"有"（有有者）,那物象之外即为"无"（有无者）,空间无限,

---

① 转引自孙晶《印度吠檀多不二论哲学》第474页,东方出版社,2002年
② 转引自孙晶《印度吠檀多不二论哲学》第474页,东方出版社,2002年

## 独步庄内
——对《庄子》内篇成书年代的一种研究

"有无者"之外还有"未始有有无者",进一步还有"未始有夫未始有有无者"。道与具体的物象不一样。道是绝对同一的,"充实而不透明的"[1]大全,故而它必定超越形相、超越有无。

《庄子·齐物论》引用《淮南子·俶真训》中的这段文字,除了要表达上述"道"的超越意义外,它的重点似乎还在以"有有也者"为中心具体论及文中所描述的人的几种修养境界的次序。"有始也者,有未始有始也者,有未始有夫未始有始也者"是从正的方向来描述。"有始也者"指的是最高的"无物"境界;"有未始有始也者"指的是稍次的"无封"境界;"有未始有夫未始有始也者"指的是再次的"无是非"境界;最后归于最低层次的"有有也者"——"有是非"境界,也就是《庄子》内篇作者所处的现实境状。"有无也者,有未始有无也者,有未始有夫未始有无也者"则是从反向来对这几种境界进行点拨。前述"有有也者"为"有是非"境界;"有无也者"就是"无是非"境界;"有未始有无也者"就是"无封"境界;"有未始有夫未始有无也者"就是"无物"境界。这正的方向指的是世人执持理智、沉溺自陷的路向;而反的方向则是《庄子》内篇作者为世人指点的返璞向真、修养回归的路向。

这段文字似乎是对"古之人其知有所至矣,……道之所以亏也"这段话语更加形而上的"吊诡"式的表达。所以作者之前提醒说:"今且有言于此,不知其与是类乎?其与是不类乎?类与不类,相与为类,则与彼无以异也。"意思是:现在我准备在这里引用《淮南子》中的一段话,不知道它与本文的思想相通还是不相通。但不管"通"还是"不通",从道的角度看,却是"道通为一"、了无差别的。这之后作者又说:"俄而有无矣,而未知有无之果孰有孰无也。今我则已有谓矣,而未知吾所谓之其果有谓乎其果无谓乎?"作者的意思是:世界本真——"道"既是无始无终,遍满而自在,但又是超言绝相,无所谓"有""无"的。由于人类理智对它的投射观照,才有了"有是非""无是非","有封""无封","有物""无物"的分别;我们虽讲了这么多"话语",从"道"的角度看,"说"与"不说"实在是毫无区别的。这里的"俄而"两字用得很到位,庄子意在

---

[1] 萨特语,萨特的"自在的存在"与《庄子》的道有某种类似。参见萨特《存在与虚无》第27页,陈宣良译,上海三联书店,1987年。

## 第三章 从基本观念看《庄子》内篇所属年代

说明现象世界的"有"和"无"完全是我们人类理智的"一念之发"使然。①

庄子唯恐世人还不能理解他的本意,紧接着继续说:

> 天地与我并生,而万物与我为一,既已为一矣,且得有言乎?既已谓之一矣,且得无言乎?一与言为二,二与一为三。自此以往,巧历不能得,而况其凡乎!

本来老子"道生一,一生二,二生三,三生万物"是典型的本源论命题,在这里却被庄子做了革命性的本体论的表达。②"天地与我并生,万物与我为一"就是物我未分的"大全",是"未始有物境界"。此境界是绝对排斥语言形相的"一"的状态,所以说:"既已为一矣,且得有言乎?"但既然已经用"一"来称谓描述这种状态,说明我们已经用上了语言这个理智工具,故说:"既已谓之为一矣,且得无言乎?"本来的"一"(即"道")与语言构成二,再加上"一"这个文字名相就成了三。现象世界就是这样被语言等人类理智一步一步构成的。老子的"道"创生万物的过程变成了人类理智割裂"道"而凸现万物的过程。这种由主观构造客观的境界式的世界观属于典型的印度式思维方式,与中国先秦本土的思想格格不入。从《淮南子》开始,两汉400年对《老子》注解者代不乏人,但对"一生二,二生三,三生万物"的解释几乎清一色是从宇宙生成论入思。除了《庄子·齐物论》外,只有王弼采用了这种境界论的解释。③ 这一方面反映了《庄子》内篇成书年代不应该像我们原来想象的那么早;另一方面反映《庄子》内篇思想与王弼思想的亲密关系。

---

① 章太炎先生对"俄而有无矣,而未知有无之果孰有孰无也"的解释很精妙:"不觉心动,忽然念起,遂生有无之见,计色为有,离计孰证其有,计空为无,离计孰证其无。"(章太炎:《齐物论释定本》,载《中国现代学术经典——章太炎卷》第437页,河北教育出版社,1996年)

② 冯达文老师说:"老子的'道生一,……'之论题本是本源论命题,但庄子却把它转换成知识论命题,并借破斥知识论来成就本体论。"(冯达文:《早期中国哲学略论》第330页,广东人民出版社,1998年)

③ 参见楼宇烈校释《王弼集校释》第117页。中华书局,1980年。

# 独步庄内
## ——对《庄子》内篇成书年代的一种研究

## 二、建立于"丧我"之上的齐物观

### （一）

《庄子》之为《庄子》就在它有内七篇，《庄子》内篇之所以能引人注目，就在它有《齐物论》。可以说，一本《庄子》几乎可以由《齐物论》来代表。

何为齐物论呢？《庄子》说：

> 物无非彼，物无非是。自彼则不见，自知则知之。故曰：彼出于是，是亦因彼。彼是方生之说也。虽然，方生方死，方死方生；方可方不可，方不可方可；因是因非，因非因是。是以圣人不由而照之于天，亦因是也。是亦彼也，彼亦是也。彼亦一是非，此亦一是非，果且有彼是乎哉？果且无彼是乎哉？彼是莫得其偶，谓之道枢。枢始得其环中，以应无穷。是亦一无穷，非亦一无穷也。故曰：莫若以明。

> 以指喻指之非指，不若以非指喻指之非指也；以马喻马之非马，不若以非马喻马之非马也。天地一指也，万物一马也。

> 可乎可，不可乎不可。道行之而成，物谓之而然。恶乎然？然于然。恶乎不然？不然于不然。物固有所然，物固有所可。无物不然，无物不可。故为是举莛与楹，厉与西施，恢诡谲怪，道通为一。

> 夫天下莫大于秋豪之末，而太山为小；莫寿乎殇子，而彭祖为夭。天地与我并生，而万物与我为一。

> 且吾尝试问乎女："民湿寝则腰疾偏死，鳅然乎哉？木处则惴栗恂惧，猿猴然乎哉？三者孰知正处？民食刍豢，麋鹿食荐，蝍蛆甘带，鸱鸦耆鼠，四者孰知正味？猿猵狙以为雌，麋与鹿交，鳅与鱼游。毛嫱丽姬，人之所美也；鱼见之深入，鸟见之高飞，麋鹿见之决骤，四者孰知天下之正色哉？自我观之，仁义之端，是非之涂，樊然淆乱，吾恶能知其辩！"

> 既使我与若辩矣，若胜我，我不若胜，若果是也？我果非也邪？我胜若，若不吾胜，我果是也？而果非也邪？其或是也？其或非也邪？其俱是也？其俱非也邪？我与若不能相知也。则人固受其黮暗，吾谁使正之？使同乎若者正之，既与若同矣，恶能正？使同乎我者正之，既同乎我矣，

## 第三章 从基本观念看《庄子》内篇所属年代

恶能正之？使异乎我与若者正之，既异乎我与若矣，恶能正之？使同乎我与若者正之，既同乎我与若矣，恶能正之？然则我与若与人俱不能相知也，而待彼也邪？

《齐物论》的主题是齐"物论"还是"齐物"论？历史上有过争论，陈少明老师对此有详明的分析，首度指出"齐物论"有三个层次：齐"物论"、齐"万物"、齐"物我"。①由上引的《齐物论》原文也不难看出，"齐物论"确实包含三个方面的思想。本书无意再对此做进一步的探讨，笔者这里想说的是，无论是齐"物论"、齐"万物"，还是齐"物我"，"齐"的思想——也即"无分别、平等"的观念，是《庄子·齐物论》以至《庄子》内篇的中心思想之一。这种"无分别、平等"观在中国先秦原有的思想体系中似乎并没有形成。儒家强调礼仪制度，法家强调君权至上，他们不可能有"平等"观念。墨家虽提倡"兼爱"，但同时主张"尚同"，老子虽知道"唯与呵，其相去几何？美与恶，其相去何若？"②但他的真正目的是做"天下莫能与之争"的"侯王"。《庄子·天下》说惠施有"泛爱万物，天下一体"的观点，但由于《庄子·天下》篇本身的产出年代就有争论，我们无法据此形成结论。③

无分别、平等观在印度思想史却由来已久。在《吠陀》和奥义书时，哲人们认为梵是唯一本真之存在，而世界万象仅仅是梵的外化。一切皆梵，梵是世界的本质与根源，现象间之平等性是自然而然的。《比邱奥义书》：

> 在彼等无法无非法，无得亦无丧，无净无不净，……盖凡对待皆超已，视土、石、金，同等也，行乞不分乎族姓，遍处所见，唯"自我"也。④

此奥义书虽有可能晚出，但它的思想品格应与奥义书年代无二。

到了史诗年代，万物平等的思想在《薄伽梵歌》中得到充分体现。《薄伽

---

① 参见陈少明《〈齐物论〉及其影响》第19页，北京大学出版社，2004年。
② 高明：《帛书老子校注》第475页，中华书局，1996年。
③ 《吕氏春秋》中有公孙龙说赵惠王以"兼爱天下"之记载。事见《吕氏春秋·审应》，但公孙龙似是墨家之徒。〔清〕毕沅校，余翔标点：《吕氏春秋》第314页，上海古籍出版社，1996年。
④ 徐梵澄译：《五十奥义书》第1015页，中国社会科学出版社1984年。

# 独步庄门
## ——对《庄子》内篇成书年代的一种研究

梵歌》中说:"自我止足于智识兮,制诸根而安定若磐,彼瑜伽师谓之和合兮,视土块、金、石兮同观。"①又说:"贤者庶几等观兮!——为象,为母牛,为犬,为贱人,为婆罗门、学正而品端兮!"②《薄伽梵歌》的作者认为理想人格(瑜伽师)应"自我不凝滞于外物兮,得自我内中的愉穆。"③这与《庄子·齐物论》的观念是一致的。

到经书时期,正统派的《瑜伽经》则进一步对人对外物的差别对待做了理论上的剖析。它说:"由于当对象相同时,心(的状态)不同,因此,这(对象在心中)的存在方式不同。"④这几乎是在对《庄子·齐物论》"且吾尝试问乎女:民湿寝则腰疾偏死,鳅然乎哉?木处则惴栗恂惧,猿猴然乎哉?三者孰知正处?民食刍豢,麋鹿食荐,蝍蛆甘带,鸱鸦耆鼠,四者孰知正味?猿猵狙以为雌,麋与鹿交,鳅与鱼游。毛嫱丽姬,人之所美也;鱼见之深入,鸟见之高飞,麋鹿见之决骤,四者孰知天下之正色哉?自我观之,仁义之端,是非之涂,樊然淆乱,吾恶能知其辩!"做哲学解释和理论总结。

也许有人会争辩说,齐物的观念会在中国本土自发产生。我们就再来看看与齐物——平等观有密切关系的"丧我"理论。《齐物论》中"吾丧我"为千古名句,与《逍遥游》中的"无己"意近。"丧我"与"齐物"关系密切,钟泰先生说得好:"惟丧我而后能尽执,惟尽执而后能超然于物论之外,而物论始可得而齐矣。"⑤惟丧我方能齐物,但丧我之我显然不是日常第一人称代词之我,它明显是一个高度哲理化的概念。

## (二)

在中国先秦,各种文献中虽有不少"我"字出现,但大多数"我"都指的是第一人称,都有具体的所指。⑥《论语》中的"勿意,勿必,勿固,勿我"⑦基本上

---

① 转引自〔印度〕室利·阿罗频多著,徐梵澄译:《薄伽梵歌论》第116页,商务印书馆,2003年。
② 大意为:贤者视动物,低等人和高贵的婆罗门一律平等。徐梵澄译:《薄伽梵歌》(五,18),载〔印度〕室利·阿罗频多著,徐梵澄译:《薄伽梵歌论》第525页,商务印书馆,2003年。
③ 徐梵澄译:《薄伽梵歌》(五,21),载〔印度〕室利·阿罗频多著,徐梵澄译《薄伽梵歌论》第526页,商务印书馆,2003年。
④ 姚卫群编译:《古印度六派哲学经典》第212页,商务印书馆,2003年。
⑤ 钟泰:《庄子发微》第29页,上海古籍出版社,2002年。
⑥ 如《史记》各世家中常用"我"来代表本传之各诸侯国。
⑦ 《论语·子罕第九》。

## 第三章 从基本观念看《庄子》内篇所属年代

是一种伦理上的警句。《老子》虽有"吾所以有大患者,为吾有身,及吾无身,吾有何患"①之感慨,但他的着重点应在人生技巧上,似乎还不能认定他在对"我"做理论上探讨。可以说,先秦的"我"字都明显缺少形而上的意味。在中国先民的心目中,"我"是一种想当然的东西,没有必要,甚至也没有可能进行讨论。像"吾丧我"这样极富形上色彩的表达式在中国先秦原有的话语系统中似乎找不到合适的位置。可以简单地说,在中国先秦原有的语境中,"我"不可丧。

但是在古印度,对"我"(Atman)进行形上讨论就像对"梵"一样同样有着悠久的历史。我们都知道佛教主张"无我论",认为万法(现象)都是因缘和合的结果,缘聚而生,缘离而灭,没有常住不变的主宰。万法刹那生灭,所以"无常",有情五蕴所积,倏忽即散,故曰无我。② 但佛教在印度哲学中属非正统派,在学说上与正统的婆罗门教有许多对立之处。它的无我论从其种意义上讲就是针对婆罗门教的有我论的。下面我们将看到,"吾丧我"似乎并非佛教体系中的"诸法无我"③。印度主流哲学的"有我论"中的"我"大多是指一个实体。它虽然是一个纯精神、纯意识的东西,但却是个独立的存在。将庄子的"吾丧我"放在中国先秦原有的话语系统和佛教的话语系统都不能很好地理解。而把它和与它相关连的几段文字放在印度正统的婆罗门教哲学体系中,却能得到很好的贯通。

在印度哲学史上,大多数哲学流派都主张"有我论"。印度主流之吠檀多派认为"梵"为世界的本体和本原。它是宇宙的创造者,世界的维护者。它是世界的始基,世界的一切由它变现。它不仅创造物质世界的一切,同时也是精神的基础。它构成人们的思想意识,是一种灵魂性的东西。所以从另外一个角度说,"梵"就是"我"。梵我同一观是印度人对"天人关系"的特有看法。

---

① 《老子》第十三章。
② 参见汤用彤《印度哲学讲义》,载《汤用彤全集》第三卷第180页,河北人民出版社,2000年。
③ 蔡宏博士将《庄子》内篇中"吾丧我"与佛教的"诸法无我"进行比对,这是一个很好的尝试(参见蔡宏《般若与老庄》第7页,巴蜀书社,2001年)。但佛教是否定派,不仅"空"现象,而且"空"本体;后期大乘有宗系统提出以"真如""法性"等正概念为归依,显示了佛教向印度正统思想体系的回归。这也应该是佛教后来渐趋式微的至重要原因。以吠檀多派为代表的印度正统哲学则认为,世界万象虽为幻化,本体——梵却为实在。

# 独步庄内
## ——对《庄子》内篇成书年代的一种研究

"梵"强调世界本体的客观方面,而"我"则强调世界本体的主观方面。①

上面我们介绍过,印度正统思想认为,梵本为一,由于人们的无明而分为上梵和下梵。上梵又称无德之梵,它无形无相,不可知,不可表诠;下梵称为有德(有相)之梵,它有形有相,能被把捉。与梵一样,"我"(阿特曼)也分为"真我"和"假我"。真我是不变之我,它为遍在的宇宙本体,也称"大我",与梵同一。假我即为世间"小我"(Aham),表现为各个有情个体内的"生命"——个体灵魂,为大我之相。"大我"和"小我"本是同一"我"(阿特曼)的两个方面。②世人由于无明而坚执小我,不知梵我一如的真理,流转于生死苦海。故解脱之方在于消除无明,了悟个体自我与梵(大我)本来为一之真际,舍弃小我而归向遍在的精神。此即"丧我"也。③

数论——瑜伽派认为,生命原有不变清净之本体,是为"神我"(Purusa)。而其余一切心理物质之现象,亦有一本体,是为自性(Prakrti)。"神我"为静者,"自性"为动者。神我为心灵,为纯粹知觉之本体,不变不动,自体光明。自性则其能力亦其程序,神我无所为,但反映能力之动作及其程序;自性属机械者,既反映于神我中,则现为种种活动之知觉性,并生种种现象:创造、保持、消灭、生、长、死……神我在自性之势力中,皆以此归于己,实则此皆属于自性之运用。自性则由三"德"(或称为功德、能力)所组成,其一称为萨埵,为智慧之种子,具涵藏保育之能力;其二称为罗阇(徐梵澄先生译为剌阇),为力量与行动之种子,具创造生起之能力;其三称为多磨(徐译为答磨),惰性与无智性之种子,与萨埵、罗阇相对抗,具消灭该两德所创造与涵藏保育者之能力。此自性的三种能力如相互均衡,互为牵制,则为自性之本体,即为上梵的无相、无差别、遍在状态;一旦均衡失坠,则变动生,现象世界因此展开。三德失衡源自自性与神我结合,自性为神我故而转变为世界万有之色心诸法。④ 自性之所以会

---

① 参见汤用彤《印度哲学史略》,载《汤用彤全集》第三卷第 162 页,河北人民出版社,2000 年;又孙晶《印度吠檀多不二论哲学》第 72 页,东方出版社,2002 年。
② 参见孙晶《印度吠檀多不二论哲学》第 73 页,东方出版社,2002 年;又巫白慧《印度哲学——吠陀经探义和奥义书解析》第 173 页,东方出版社 2000 年。
③ 参见汤用彤《印度哲学史略》,载《汤用彤全集》第三卷第 172 页,河北人民出版社,1999 年。
④ 参见汤用彤《印度哲学史略》第七章《数论》和第八章《瑜伽论》,载《汤用彤全集》第三卷第 77~112 页,河北人民出版社,1996 年;又〔印度〕室利·阿罗频多著,徐梵澄译《薄伽梵歌论》第 25~26 页,商务印书馆,2003 年。

与神我结合,则由于"无明"。无明何由而生,为无意义之问题。无明乃无始无明,无明与有情俱生,[1]极而言之,它源于人类的理智和世俗之知识形态。神我本来清净独存,与自性和现象界无涉,可谓真我。因无明故而误认此自性所转变之心色诸法为自身,以现象之流归为真实自我,于是演为含识诸生感受经验之世界,以假我(名色中之我、肉身中之我)的形式流转于现象世界的生死苦海中。而瑜伽修持的目的就在于使神我领悟到自己的本性,体悟到自我本来与现象世界之心物诸法毫无关涉,神我因而获得清净独存之智,而现象世界就会消溶于冥漠的自性。是谓解脱,亦即丧我。所以"吾丧我"丧的是"小我",是"假我"。

(三)

让我们再来仔细考察《齐物论》中"吾丧我"前后的几节文字:

南郭子綦隐机而坐,仰天而嘘,苔焉似丧其耦。颜成子游立侍乎前,曰:"何居乎?形固可使如槁木,而心固可使如死灰乎?今之隐机者,非昔之隐机者也?"子綦曰:"偃,不亦善乎而问之也!今者吾丧我,汝知之乎?女闻人籁而未闻地籁,女闻地籁而不闻天籁夫!"

子游曰:"敢问其方。"子綦曰:"夫大块噫气,其名为风。是唯无作,作则万窍怒呺。而独不闻之翏翏乎?山林之畏佳,大木百围之窍穴,似鼻,似口,似耳,似枅,似圈,似臼,似洼者,似污者。激者、謞者、叱者、吸者、叫者、譹者、宎者、咬者,前者唱于而随者唱喁,泠风则小和,飘风则大和,厉风济则众窍为虚。而独不见之调调之刁刁乎?"

子游曰:"地籁则众窍是已,人籁则比竹是已,敢问天籁。"子綦曰:"夫吹万不同,而使其自已也。咸其自取,怒者其谁邪?"

大知闲闲,小知间间。大言炎炎,小言詹詹。其寐也魂交,其觉也形开。与接为构,日以心斗。缦者、窖者、密者。小恐惴惴,大恐缦缦。其发若机栝,其司是非之谓也;其留如诅盟,其守胜之谓也;其杀如秋冬,以言

---

[1] 室利·阿频罗多说:"但在我们的物质世界和我们自己的身体中,知觉性有其两重方面:有'知识'(即明)的一力量,有'无明(即无知识)的一力量。"〔印度〕室利·阿罗频多著,徐梵澄译:《神圣人生论》第297页,商务印书馆,1996年。

# 独步庄内
## ——对《庄子》内篇成书年代的一种研究

其日消也;其溺之所为之,不可使复之也;其厌也如缄,以言其老洫也;近死之心,莫使复阳也。喜怒哀乐,虑叹变蜇,姚佚启态——乐出虚,蒸成菌。日夜相代乎前而莫知其所萌。已乎,已乎!旦暮得此,其所由以生乎!

非彼无我,非我无所取。是亦近矣,而不知其所为使。若有真宰,而特不得其眹可行;已信而不见其形,有情而无形。百骸、九窍、六藏、赅而存焉,吾谁与为亲?汝皆说之乎?其有私焉?如是皆有为臣妾乎?其臣妾不足以相治乎?其递相为君臣乎?其有真君存焉!如求得其情与不得,无益损乎其真。一受其成形,不亡以待尽。与物相刃相靡,其行尽如驰而莫之能止,不亦悲乎!终身役役而不见其成功,苶然疲役而不知其所归,可不哀邪!人谓之不死,奚益!其形化,其心与之然,可不谓大哀乎?人之生也,固若是芒乎?其我独芒,而人亦有不芒者乎?

夫随其成心而师之,谁独且无师乎?奚必知代而自取者有之?愚者与有焉!未成乎心而有是非,是今日适越而昔至也。是以无有为有。无有为有,虽有神禹且不能知,吾独且奈何哉!

夫言非吹也,言者有言。其所言者特未定也。果有言邪?其未尝有言邪?其以为异于鷇音,亦有辩乎?其无辩乎?道恶乎隐而有真伪?言恶乎隐而有是非?道恶乎往而不存?言恶乎存而不可?道隐于小成,言隐于荣华。故有儒墨之是非,以是其所非而非其所是。欲是其所非而非其所是,则莫若以明。

一千多年来,解庄者层出不穷,对上述章节的解释时有妙思巧想,但总体上看,不是失之空泛,就是过于穿凿。有几个问题是所有庄学爱好者都渴望知道而迄今未得满意答案的。除前述的"吾丧我"外,何为"天籁"?"怒者其谁?"何为"彼"者?何为"真君、真宰"?何为"成心"?何者是"明"?南郭子綦在做什么?"吾丧我"的感慨为何与吹万不同的风声和日夜相代的心理情态联系在一起?虽各家意见纷呈,却似乎都没有落到实处。但如果把这段文本放到印度哲学的语境中,特别是放到印度正统哲学——数论派及与此相近的瑜伽派的理论体系中,则这段文字就会显得流畅自然,圆融无碍。

## 第三章 从基本观念看《庄子》内篇所属年代

现在我们来逐节逐节进行分析。

南郭子綦隐机而坐,仰天而嘘,苔焉似丧其耦。颜成子游立侍乎前,曰:"何居乎?形固可使如槁木,而心固可使如死灰乎?今之隐机者,非昔之隐机者也?"子綦曰:"偃,不亦善乎而问之也!今者吾丧我,汝知之乎?女闻人籁而未闻地籁,女闻地籁而不闻天籁夫!"

子游曰:"敢问其方。"子綦曰:"夫大块噫气,其名为风。是唯无作,作则万窍怒呺。而独不闻之翏翏乎?山林之畏佳,大木百围之窍穴,似鼻,似口,似耳,似枅,似圈,似臼,似洼者,似污者。激者、謞者、叱者、吸者、叫者、譹者、宎者、咬者,前者唱于而随者唱喁,泠风则小和,飘风则大和,厉风济则众窍为虚。而独不见之调之刁刁乎?"

子游曰:"地籁则众窍是已,人籁则比竹是已,敢问天籁。"子綦曰:"夫吹万不同,而使其自已也。咸其自取,怒者其谁邪?"

此节分三层。第一层讲南郭子綦因修持上一个新台阶而引发"人籁、地籁、天籁"之感悟。第二层具体描述各种风声。第三层做一总结。

第一层中,南郭子綦似乎在进行"瑜伽"修炼。以往的解说都以《庄子》内篇为虚写、为想象,现在看来,《庄子》也有不少实写的地方。"隐机而坐"应为瑜伽修持活动的第一步,为"坐法"之一种。"仰天而嘘"不是指普通的调息,似在发瑜伽行,亦为印度文化中一特殊的声音"唵"(om)。[①] 此唵声为一极神秘而又极神圣的一个语词,所有的宗教和祭祀活动都必须以"唵"开始和维持。"唵"声甚至可代表梵。《唱赞奥义书》之二,二十三就有"唯'唵'是此万有矣"之感叹,[②] 有关瑜伽的《尼理心诃奥义书》下篇更详尽地赞叹说:

唵!此声,此宇宙万有也。其说如次:凡过去者,现在者,未来者,此一切皆唯是唵声。其余凡超此三时者,此亦皆唯是唵声。人由"唵"而以"大梵"与"自我"合一也,由"唵"而以"大梵"与"自我"合一也,则享受彼

---

[①] 陈鼓应先生说:"《释文》:'吐气为嘘',成玄英解'嘘'为叹,不妥。"陈鼓应:《庄子今注今译》第34页,中华书局,1983年。

[②] 徐梵澄译:《五十奥义书》第119页,中国社会科学出版社,1984年。

# 独步庄门
## ——对《庄子》内篇成书年代的一种研究

> 太一,无老,无死,无畏者于此"唵"声。此世界一切三身,化入此中为一,盖皆唯由是而成也,皆收摄于此"唵"声。①

通过念颂"唵",并按照有关程序,就能达到主客泯一、物我不分的境界。故说"荅焉似丧其耦"。此即《田子方》篇中所谓"遗物离人而立于独"的意思。喻精神超越形体这个小我,超越了主客对待,与大道(大我)合一。唯其精神超越了形体,所以才能"形如槁木,心如死灰",所以才能"吾丧我",这里丧的"我"是"小我"。依瑜伽经,当人修持到"等持"这个阶段时,就能进入主客合一、物我双融的"无我"境界。②《弥勒奥义书》有对瑜伽训练导向"无我"境界的记述。其一:

> 余处亦云:"高于是者,则以舌端抵前上颚,而收摄语言,心思,呼吸,由是修观而见大梵也。"心念皆息,则以其自我而见"自我",微逾极微,光芒发越;见其自我为此"自我"已,则可以无我。以无我故,当思彼乃不可计量,无有初始,——此解脱相也。③

其二:

> 余处亦云:"(人身)有一脉名'苏门寿那'者,导引上气,贯上颚而上达。以此,合之于气息,传之以'唵'声,因之以专念,可以上出。以舌端抵前上颚,收敛诸识于一,则可以为至大者而见至大者。"于是入乎无我,以无我故,乃无有于苦乐。于是而得解脱也。④

值得指出的是,在瑜伽实践中的"我"是实实在在的,"丧我"也是可真切体悟感受到的过程。如《瑜伽真性奥义书》中所说:"'三摩地'者,情命自我与超上

---

① 徐梵澄译:《五十奥义书》第108页,中国社会科学出版社,1984年
② 瑜伽修持一般分为八支或六支,等持为最末的一支。参见汤用彤《印度哲学史略》之《瑜伽论》,载《汤用彤全集》第三卷105页,河北人民出版社,1996年。
③ 徐梵澄译:《五十奥义书》第465页,中国社会科学出版社,1984年。
④ 徐梵澄译:《五十奥义书》第465页,中国社会科学出版社,1984年。

## 第三章　从基本观念看《庄子》内篇所属年代

自我同一之境也。若其愿蜕弃己身者,则自蜕弃之。"①

这一节第二层要回答的问题是,为什么南郭子綦要把自己修炼的成功与"吹万不同"的声音连起来？传统的解释似乎都不得其门。原来南郭子綦是在叙述自己做瑜伽时的内在经历。各种奥义书告诉我们,做瑜伽修炼时,开始会听到身体内有各种各样的声音,随修炼持续,则渐次入于无声的境界,与梵——大我融合为一。

《声点奥义书》：

> 瑜伽师静坐,当作"成就式",结"维师鲁印",更当在右耳,常闻内中声。
> 习此大梵声,他声尽皆掩,困难全克除,修之半月后,可入第四境。
> 闻之在初修,声音种种大,修习倘增进,所闻愈微妙。
> 初声如起自,海洋与云霄,大鼓与悬瀑。中声如细鼓,铜钟与吹角。
> 末声如轻铃,吹管与琵琶,蜜蜂及无声,微妙愈微妙。……
> 外物若全忘,意与声音合,如水乳交融；遂尔归于一,心空顿然入。……
> 乃至更无声,此为超上梵,无上之"自我",是为同一者。……
> 修士如尸居,彼为解脱者。……心思恒定止,其身如槁木。②

徐梵澄先生对《声点奥义书》的概括是："两卷主旨皆在闻声入道。其事始于持'唵',中间习听,听入无声,终得'唵'之内中声音相。是则与宇宙创造之原始合契,个人心灵返乎至上心灵之源。"③

《弥勒奥义书》对瑜伽修炼时的"由声入道"也有具体的描述：

> 余处亦云："诚然,有二大梵当念,声与非声是也。非声者由声而显。此处有声大梵为'唵'！循此上达,终乃入于非声大梵。"故有云："诚然,此乃道也,此即永生,此即结合,此即永福。"……有余声论师说(声)异

---

① 徐梵澄译：《五十奥义书》第907页,中国社会科学出版社,1984年。
② 徐梵澄译：《五十奥义书》第852~856页,中国社会科学出版社,1984年。
③ 徐梵澄译：《五十奥义书》第844页,中国社会科学出版社,1984年。

# 独步庄内
## ——对《庄子》内篇成书年代的一种研究

  是。(谓)以拇指掩耳,则闻心内空中之声。其取况有七:如江河之声,如钟声,如铜鼓声,如车轮声,如蛙鸣,如雨声,如空谷中语。过此各别取譬之声已,人乃入于无上,非声,不显之大梵中。是中无有个人性相,无有差别。如种种香花之液,酿化而为蜜汁矣。①

此段颂赞有两层意思。其一的大意是:做瑜伽修炼时,要念颂两种梵,有声之梵和无声之梵。如前述,印度文化重声音,"唵"声常可作为梵的代表。声音即相当于有德(有相)之梵——下梵;寂漠即为无声之梵,相当于无德(无相)之梵——上梵。通过念颂有声之梵——唵,就可上达无声之梵,获得永生,获得解脱。故《弥勒奥义书》六,二十三:

  余处亦云:"有声大梵者,唵也! 其极顶为寂静,无声,无畏,无忧,极乐,美满,坚定,不动,永生,不摇,恒常,名为维师鲁者,导往超极者也。故人当敬此二者。"②

另一层的意思同于《声点奥义书》:刚进行瑜伽修炼时,体内中本有各式各样的声音存在。这里举出七种,《诃萨奥义书》更举出十种,③人刚进行瑜伽修炼时,体内会有这种种声音,但进入状态后,就会融入无声、无相之上梵。

  必须要指出的是,在《奥义书》作者的思想中,在瑜伽修炼者的亲切体验中,各种各样的声音是幻相,不是究竟;而本真的存在无声无息。

  这一节最有必要辨明的是第三层。"人籁""地籁""天籁"是什么?"人籁"应该指的是南郭子綦的"仰天而嘘",这大概没有问题。何为"地籁"呢?印度思想从吠陀时期以来就有强烈的天人合一的倾向,④在梨俱吠陀时期,宇宙好比一万能的"原人",奥义书中也有大量梵我一如的表述。《唱赞奥义书》说:"宇宙空间如此之大,此内心空间亦如此之大。天与地,二者皆函括其中,

---

① 徐梵澄译:《五十奥义书》第466页,中国社会科学出版社,1984年。
② 徐梵澄译:《五十奥义书》第466页,中国社会科学出版社,1984年。
③ 参见徐梵澄译《五十奥义书》第925页,中国社会科学出版社,1984年。
④ 季羡林先生对印度的"天人合一"思想有高度评价,参见季羡林《"天人合一"新解》,载《当代学者自选文库——季羡林卷》695～696页,安徽教育出版社,1999年。本书对此还有进一步的论述(详见后)。

## 第三章 从基本观念看《庄子》内篇所属年代

火与风,日与月,电与星,及斯世人之所有者,凡此一切,皆函括于其间也。"①《唱赞奥义书》又说:"所谓此大梵者,即此凡人身外之空。而此身外之空者,即此身内之空。而此身内之空者,即此心内之空。——是圆满者,是无转变者。"②梵既表现为宇宙本体的超越名相,也表现为个体自身的可见可闻。《唱赞奥义书》:"其可见者:凡人触于此身也,则觉暖。其可闻者:凡人掩其耳,则隐隐如闻轰声,如闻隆隆声,如炽火之栗烈声。其大梵可见可闻者如是。"③《大林间奥义书》五,九:"此遍有之火,在人内中。凡人所食者,皆以此火而消化之。其声,则掩耳所闻者也。人之将卒也,则不复闻此声矣。"④明白了印度思想的上述框架后,我们或许会对"地籁""大块"有全新的了解。原来这里的"地籁"有两重含意,它既指外在世界的各种风声,也指人体内的种种内鸣;"大块"既指宇宙自然,也指人体这个小宇宙。"汝闻人籁,而未闻地籁;汝闻地籁,而未闻天籁"是说:你(颜成子游)虽听到我的嘘声(人籁)而听不到我身体内的声音(人体之地籁);你虽听到外在自然的各种地籁声,但却无法"听到"(体悟)"天籁"为何。那到底什么是"天籁"呢?

明白了上述《奥义书》的含意,联系一下数论——瑜伽派理论,再来考察《齐物论》的这段文字,可以了解,《齐物论》中"天籁"就是指的无声之上梵——道。声音——不管是人体内小宇宙中的声音,还是外在世界大宇宙的声音,都是下梵而已,而真正的上梵是无声无相的。而"吹万不同,而使其自己也⑤,咸其自取,怒者其谁邪"的意思是,之所以有各式各样的声音发出,而又自行消失,都是源于心(即小我)自己的执取,并没有另外的发动者。这里的"其"指的是"心"(小我),非指声音本身。故后文有"奚必知代而心自取"之说。从郭象以来,历代学人大都认为这句话的意思是说各种声音为自然而发,没有额外的发动者,显然与上下文扞格,且与《齐物论》全篇不融。惟章太炎先生从佛教唯识学的视角,以藏识喻天籁,谓"自取"为"取自心"⑥,慧心独运,庶近原意。这说明《庄子》内篇与佛教属同一世界观取向。但应该进一步说,庄

---

① 徐梵澄译:《五十奥义书》第 235 页,中国社会科学出版社,1984 年。
② 徐梵澄译:《五十奥义书》第 135 页,中国社会科学出版社,1984 年。
③ 徐梵澄译:《五十奥义书》第 137 页,中国社会科学出版社,1984 年。
④ 徐梵澄译:《五十奥义书》第 641 页,中国社会科学出版社,1984 年。
⑤ 从上下文来看,该处应为"已",停止之意。常有训为"己"者,误。
⑥ 参见章太炎《齐物论释定本》,载《中国现代学术经典·章太炎卷》第 412~413 页,河北教育出版社,1996 年。

# 独步庄门
## ——对《庄子》内篇成书年代的一种研究

子思想更偏向印度正统婆罗门教,与佛教有相当的差距。整个这一节通过南郭子綦修炼"瑜伽"的成功,向我们昭示一个道理:各种声音等自然现象并没有本真的存在,它们不过是人心执取,自性依神我转变而成,在"丧我"的解脱境界中,无相无声,万籁皆寂。《坛经》中"不是风动,不是幡动,仁者心动"可做这段很好的总结。① 王阳明说:"你未看此花时,此花与汝心同归于寂,你来看此花时,则此花颜色一时明白起来。便知此花不在你心外。"②阳明先生似乎不自觉地受到了《齐物论》的启发。

### (四)

大知闲闲,小知间间。大言炎炎,小言詹詹。其寐也魂交,其觉也形开。与接为构,日以心斗。缦者、窖者、密者。小恐惴惴,大恐缦缦。其发若机栝,其司是非之谓也;其留如诅盟,其守胜之谓也;其杀如秋冬,以言其日消也;其溺之所为之,不可使复之也;其厌也如缄,以言其老洫也;近死之心,莫使复阳也。喜怒哀乐,虑叹变慹,姚佚启态。乐出虚,蒸成菌。日夜相代乎前而莫知其所萌。已乎,已乎!旦暮得此,其所由以生乎!

非彼无我,非我无所取。是亦近矣,而不知其所为使。若有真宰,而特不得其口可行;已信而不见其形。有情而无形。百骸、九窍、六藏、赅而存焉,吾谁与为亲?汝皆说之乎?其有私焉?如是皆有为臣妾乎?其臣妾不足以相治乎?其递相为君臣乎?其有真君存焉!如求得其情与不得,无益损乎其真。一受其成形,不亡以待尽。与物相刃相靡,其行尽如驰而莫之能止,不亦悲乎!终身役役而不见其成功,苶然疲役而不知其所归,可不哀邪!人谓之不死,奚益!其形化,其心与之然,可不谓大哀乎?人之生也,固若是芒乎?其我独芒,而人亦有不芒者乎?

上段说各种声音等自然现象源于心(小我)之"自取",本身并没有本真的客观存在。此节进而论及各种心理情态。文章先从"大知"(智)与"小知"、"大言"与"小言"的对举开始。上述南郭子綦的"仰天而嘘"的"唵"声是为大言;"苔

---

① 钟明译注:《金刚经坛经》第77页,山西古籍出版社,1999年。
② 王阳明:《传习录》下。冯达文老师对阳明此段论述有精辟的见解,参见冯达文《宋明新儒学略论》第195页,广东人民出版社,1997年。

— 100 —

## 第三章 从基本观念看《庄子》内篇所属年代

焉似丧其耦""形如槁木、心如死灰"是为大知。"物论"纷纭,强分是非是为小言,一篇《齐物论》就在斥"小言"之无谓;本节从"其梦也魂交"到"姚佚启态"进而对种种"小知"之心理现象进行现象学式的陈述。正如闻一多先生说:"大知(智)闲闲,豁然慧于;小智间间,耿如隙光。大言炎炎(啖啖),夸诞貌;小言詹詹(噡噡),咕啜貌。小言诚实因小知为幻,下文随写小知之心理诸相。"①而终归于"乐出虚,蒸成菌。日夜相代乎前而莫知其所萌"。这些心理现象像音乐出自虚空,菌类出于湿气一样无根无据。虽然日夜流转,曾不暂停,但它们与声音等物理现象一样同样源自人心的虚妄执取,为"自性"及其三德依"神我"所转变而成,本身并没有客观的"自体"。②本身并没有客观的"自体""莫知其所萌"与前述"怒者其谁邪?"为相似的句法,均在说明各种心理现象与物理现象一样没有人心之外的依据。

"非彼无我,非我无所取":"彼"似即数论——瑜伽论中的自性及其三德所转变之上举各种心理现象;"我"即执各心理现象为真实自我之"小我"(也就是心)。③《弥勒奥义书》三,五说:

> 余处亦云:"痴暗,畏惧,忧惶,昏睡,懈怠,衰惫,愁苦,饥渴,鄙吝,忿怒,空虚,愚昧,忌刻,凶暴,鲁钝,无惭,犹豫,贡高,无常,凡此,皆出于答摩性也。内热,痴爱,贪恋,贪得,残害,欲乐,憎恨,隐复,嫉妒,虚荣,不定,掉举,飘忽,好胜,好货,狎友,守家,识境之不可悦者,则厌憎,识境之可悦者,则耽好。凡此皆出于剌阇性也。"夫本质自我即为此所充满,胜服,于是而种种异相皆得矣,皆得矣。④

这里的"本质自我"就是上述"彼我"之"我";《齐物论》中"彼"——各种自性所转变之心理现象,在这里有更详尽的陈述。

"真君""真宰"即为"大我"或"真我",也即"神我"本身。"大我""真我"

---

① 闻一多:《闻一多全集·庄子编》第78~79页,湖北人民出版社,1993年。
② "已乎,已乎!旦暮得此,其所由以生乎!"似乎作者十分渴望了解它们的原因,而又感叹其解难得。"旦暮得此,其所由以生乎"与《齐物论》中"万世之后遇一大圣,知其解者,是旦暮得之"意近,均语出《吕氏春秋·观世》:"千里而有一士,比肩也;累世而有一圣人,继踵也。"(〔汉〕高诱注,〔清〕毕沅校,余翔标点:《吕氏春秋》第265页,上海古籍出版社,1996年)
③ 各家注大都把"彼"解释为"自然",虽不能说错误,但过于宽泛。
④ 徐梵澄译:《五十奥义书》第445页,中国社会科学出版社,1984年。

# 独步庄内
——对《庄子》内篇成书年代的一种研究

是纯粹精神性的,所以说"而不见其朕可行,已信而不见其形,有情而无形"①。《弥勒奥义书》二,十一说:

> 诚然,彼为清净,坚定,无有动摇,无可点染,无扰,无欲,如旁观者而住,享受自业(之果),以功德所成之掩盖而自隐,彼如是而住,如是而住矣。②

> 余处亦云:"是为作者,即彼本质自我也。使其以诸根而有作,乃内中神我也。是如铁丸,为火所炽,工匠所锤,遂成种种(形相),如是彼本质自我为内中神我所胜,功德所锤,遂成种种(异形)。于是此三德者,乃变现为八十四相之藏。唯然,此大质之有三德,适成种种殊异之相。凡此功德,皆为神我所转,如陶家轮。如炽铁丸,遭受锤击,其中之火,固未遭胜服也,如是,神我亦然,未遭胜服。而遭胜服者,本质自我也,聚合交织性故。"③

正由于真宰——神我的纯粹精神性,所以后面讲"如求得其情与不得,无益损乎其真":

> 百骸、九窍、六藏、赅而存焉,吾谁与为亲?汝皆说之乎?其有私焉?如是皆有为臣妾乎?其臣妾不足以相治乎?其递相为君臣乎?其有真君存焉!如求得其情与不得,无益损乎其真。一受其成形,不亡以待尽。与物相刃相靡,其行尽如驰而莫之能止,不亦悲乎!终身役役而不见其成功,苶然疲役而不知其所归,可不哀邪!人谓之不死,奚益!其形化,其心与之然,可不谓大哀乎?人之生也,固若是芒乎?其我独芒,而人亦有不芒者乎?

---

① 自郭象以来,常从"朕"字断句,而读成:"若有真宰,而特不得其朕。可行己信,而不见其形,有情而无形。"而"可行己信"均不得其解。似应从"可行"处断句,"己"应训为"已",读如"若有真宰,而特不得其朕可行。已信而不见其形。有情而无形。""朕",《说文》:"疑古以朕为联",朕:预兆也。这段的大意为:好像有一个真宰,但又不见他有什么征兆,已有信验而不见其形态。"有情而无形"是这段话的总结。

② 徐梵澄译:《五十奥义书》第441~442页,中国社会科学出版社,1984年。

③ 徐梵澄译:《五十奥义书》第444~445页,中国社会科学出版社,1984年。

## 第三章　从基本观念看《庄子》内篇所属年代

可与下列《弥勒奥义书》互相发明,《弥书》之一,二说:

> 尊者,此骨,皮,筋,髓,肉,精,血,涎,泪,涕,粪,溺,风,胆汁,痰液之所聚集,此臭恶无实之身中,有何欲而可乐耶?①

《弥书》之三,二还说:

> 其说如是:五唯量者,称为本质者也;五大者,亦称为本质者也。凡此聚合,遂名为身。此称名为身者,亦称为本质自我。而彼(永生)自我(之居于其间也),如水滴之(不沾)于莲花之叶。此本质自我遂为自性功德之所胜服。为其所胜服故,遂至于迷惑;以迷惑故,遂不见彼神圣主宰(即)创造者之居其内中也;乃为三德之波涛所漂流,染污,浮荡无所止泊,迷茫而多欲,飘忽不定,遂堕于妄计我执中,以为"此,我也;彼,我之所有也"。遂以私我而自缚,如鸟在网罗。由是为随其行业之果所胜服,周旋流转。②

### (五)

夫随其成心而师之,谁独且无师乎? 奚必知代而自取者有之? 愚者与有焉! 未成乎心而有是非,是今日适越而昔至也。③ 是以无有为有。无

---

① 徐梵澄译:《五十奥义书》第437页,中国社会科学出版社,1984年。
② 徐梵澄译:《五十奥义书》第444页,中国社会科学出版社,1984年。
③ "今日适越而昔至",各家有不同的解释。笔者认为,至少在这里,它的喻义是——从不同的视角看同一个现象会有不同的结论。从现象的层面来看有今昔之分,从本体的层面则过去、现在、未来均在一念之中。到达越国这是一个事实,但地处低纬度的人会说他是昨天抵达;而在北极圈白昼中的人会说他是今天到(因两极中一年仅一天,半年白天,半年黑夜),中国古人很早就认识到这个现象。《吕氏春秋·有始》说:"夏至日行近道,乃参于上。当枢之下无昼夜。"(参见〔清〕毕沅校,余翔标点《吕氏春秋》191页,上海古籍出版社,1996年)章太炎说:"命之以今者,以一揭沙那言今可,以一岁言今犹可。……命以一期,则为今日适越。分以数期,则为昔至矣。"(章太炎:《国故论衡》,131~132页,上海古籍出版社,2003年。)印度思想更早就有类似的思想。《梨俱吠陀》中的《有无歌》就说:"黑夜白昼,二无迹象。"(转引自巫白慧《印度哲学——吠陀经探义和奥义书解释》第55页,东方出版社,2000年。)《羯陀奥义书》也含此意:"凡在斯世者,亦在彼世间;凡在彼世者,亦复在此世。……唯'彼'是今日,亦复是明日。"(徐梵澄译:《五十奥义书》第368页,中国社会科学出版社,1984年)

# 独步庄内
## ——对《庄子》内篇成书年代的一种研究

**有为有,虽有神禹且不能知,吾独且奈何哉!**

几乎所有的注本都把"成心"作"成见""偏见"来理解,①显然未注意到"成"字在《庄子》中的含意。"成"字在《庄子》有"大成"和"小成"之分。"其分也,成也;其成也,毁也","道之所以亏,爱之所以成",这指的是"物之成",为"小成"。除"物之成"之外还有"道之成",是为"大成"。老子有"大成若缺"之说,庄子外篇《山木》也有"大成之人曰"之言。"大成"是指"大全""整体""无差别"这些与"道"相联系的概念。《齐物论》说"道隐于小成,言隐于荣华",可见"道"本身为"大成"。"有成与亏,昭氏之鼓琴也,无成与亏,昭氏之不鼓琴也",真正的"成"为绝对同一的大成,不含任何差别。《大宗师》说:"夫无庄之失其美,据梁之失其力,黄帝之亡其知,皆在炉捶之间耳。庸讵知夫造物者之不息我黥而补我劓,使我乘成以随先生邪?"《则阳》说"冉相氏得其环中以随成,与物无终无始,无几无时",又说"汤得其司御门尹登恒为之傅之,从师而不囿;得其随成,为之师其名"。可见"随成"或"乘成"为《庄子》的惯用词。意思是"跟随大道"或"顺应自然"。所以,这里的"夫随其成心而师之"意为"心顺应大成之道,以自然为师"。只要放弃人为的虚妄执取,则自然之性,人人本有,不假外求,故曰"奚必知代而心自取者有之,愚者与有焉"。于是,《庄子》内篇的作者暗示我们,道本来无名、无相、无差别,心顺应自然的大成,小我与大道(上梵、大我)融合为一,就会等观万物,齐同百家,"天地与我并生,万物与我为一",就不会有是非对错的观念。与之相反,就是"未成乎心而有是非"——心未"随成"大道,与道合一,就会人自为正,厚此薄彼,是非纷呈。存在的本真(道)状态本来是无相无差别的同一,由于人的无明而强分别为包罗万象和是非风涌的世界。无差别的道是"无有",有差别的理智世界是"有",所以,从道的境界的无差别、无是非到物的境界的有差别、有是非就是

---

① 张恒寿先生曾指出对"成心"的通行解释可能有问题。但他给出的解释同样十分牵强(参见张恒寿《庄子新探》第345页,湖北人民出版社,1983年)。闻一多先生对此的解释独具匠心,他说"成犹完整也",惜乎未贯彻到底。(参见闻一多《闻一多全集·庄子编》第80页,湖北人民出版社,1993年)

## 第三章 从基本观念看《庄子》内篇所属年代

"以无有为有"①。这个意义上的"以无有为有"是真正的"无中生有""无事生非",于是,"吾生也有涯,吾知也无涯,以有涯随无涯,殆矣!"(《庄子·养生主》)结果只能是徒费心机,于大道无补,诚如荀子所言:"以可以知人之性,求可以知物之理,而无所疑(凝)止之,则没世穷年不能遍也。"②所以作者感叹:"以无有为有,虽有神禹且不能知,吾独且奈何哉!"这里"神禹"与"愚者"适成对照,如随大成之道而不分是非,则人人天性自得,"愚者"无妨;如挟小成之知而强分彼此,则没世穷年不能遍,"神禹"奈何?! 此节文字似只能如此理解,方为通畅。

> 言非吹也。言者有言,其所言者特未定也。果有言邪? 其未尝有言邪? 其以为异于鷇音,亦有辩乎? 其无辩乎? 道恶乎隐而有真伪? 言恶乎隐而有是非? 道恶乎往而不存? 言恶乎存而不可? 道隐于小成,言隐于荣华。故有儒墨之是非,以是其所非而非其所是。欲是其所非而非其所是,则莫若以明。

如前所述,《庄子·齐物论》中有大知、小知,大言、小言之分。"言非吹也,……其无辩乎?"指的是小言。小言有能与所的对待。"其所言者"指各种心理现象。"特未定也"有两层意思:其一,指各种心斗之情态瞬息万变,"日夜相代乎前";其二,指各种心理现象并非自体存在,不过是自性所转变,或梵所幻化。所以根本上说与初生之鸟叫并没有什么不同,与"吹万不同"的风声一样是人心所虚妄执取。"言者有言,其所言者特未定也"与《庄子·大宗师》的"知有所待而后当,其所待特未定也"含意相近。庄子的用意表明,世俗的名言知识没有本真之价值。大言指"唵"声和圣典之颂赞。大言与小言判然有别,它与梵——道同质。所以说"道恶乎隐而有真伪? 言恶乎隐而有是非? 道恶乎往而不存? 言恶乎存而不可?"梵——道遍在且无相无差别,本身是"大成"之上

---

① "以无有为有",旧解多以俗语"无中生有"释之,意为无稽之谈。这显然低估了古人的智慧。独钟泰先生以《庄子·庚桑楚》篇中"天门者,无有也。万物出乎无有。有不能以有为有,必出乎无有。无有一无有,至人藏乎是"解之,深得庄旨。参见钟泰《庄子发微》第35~36页,上海古籍出版社,2002年。

② 王先谦撰,汪啸寰、王星贤校点:《荀子集解》第406页,中华书局,1988年。

# 独步庄门
## ——对《庄子》内篇成书年代的一种研究

梵,但由于人的"无明"而自我限制为下梵,从而呈现出有差别的世界,所以说"道隐于小成";同样,大言即为梵,无所谓是非,也因人们的"无明"而化为强辩是非的小言,故说"言隐于荣华"。①

《庄子》内篇中意见不一的地方很多,像"莫若以明"就是其中有代表性的一个。有学者以"没有谁能弄明白"强为之解,显然过于"六经注我"。② 主流的理解为"以本然之明照之",③但何为"本然之明"？还是茫然。依笔者浅见,这里的"明"就是印度哲学中常用词"无明"(Avidya)的反义词。"明"(Vidya)不同于世俗的分别的知识,与《老子》中"知常曰明"意义相近。依徐梵澄先生的解释,"明"非寻常心智之明,乃超知觉之明,超越时空,入乎宇宙本体,则能知与所知合,是之谓明。④ 这里的意思似乎很简单,宇宙本体本来无差别、无是非,只因人们的无明而是非妄起。要对治无明,当然"莫若以明"。

《齐物论》篇开始的这一段有关"丧我"的文字是对"物论"之是非做本源性的探讨,它是整个"齐"物论的理论前提。可以说,如果不能对这段有关"丧我"的论述有确切的理解,《齐物论》全面而深刻的内含就无法把握。

### 三、《庄子》内篇的轮回与解脱观念

#### （一）

《庄子》中到底有没有轮回思想一直是个争论不休的问题。章太炎先生认为《庄子》存在轮回的观念。他认为《庄子》内篇至少有两处反映了轮回思想:《大宗师》中的"若人之形者,万化而未始有极也,其为乐可胜计邪"和《养生主》中的"指穷于为薪,火传也,不知其尽也"。⑤

要弄清楚《庄子》内篇有没有轮回思想,首先得先弄清楚到底什么是轮回

---

① 止庵说:"'言隐于荣华'即上文之'存而不可',这句话与'言者有言'意思相近,因为'言者有言'的'言'对于道来说就是荣华。"(止庵:《樗下读庄》,东方出版社,1999年。)笔者按,"荣华"应与"根本"相对而言。"言"之根本为颂赞,为"唵"声;彼是此非的世俗争辩为"言"之"枝节",为"荣华"。故说"言隐于荣华"。可参见徐梵澄先生对《老子》中"前识者,道之华而愚之首"的阐释,参见徐梵澄《老子臆解》,载百度网站,关键词:徐梵澄 老子。
② 参见任继愈主编《中国哲学发展史》先秦卷430页,人民出版社,1983年。
③ 参见王先谦、刘武《庄子集解庄子集解内篇补正》,中华书局,1987年。
④ 参见徐梵澄译《五十奥义书》第291页,中国社会科学出版社,1984年。
⑤ 参见章太炎《国学讲演录》第207、209页,华东师范大学出版社,1995年。

## 第三章 从基本观念看《庄子》内篇所属年代

思想。

轮回观念是印度宗教的主要内容之一,影响非常深远。佛教尽管否认有常住之我,但不否认有轮回。佛教的轮回主体为"识",为一种要有所作为的倾向,其实是一种泛人格的意志。① 这一观念在奥义书时期的典型表现形式是所谓"五火二道"说。"五火"是指人死后有五个轮回阶段,即人死被火葬后"我"(灵魂)先进入月亮,再变成雨,雨下到地上变成食物,食物被吃后变成精子,最后精子进入母胎出生。② "二道"是指"祖道"和"神道"。祖道是人死后依"五火"的顺序回到原来生活的那个世界中来的道路;神道是人死后"我"(灵魂)进入梵界,不再轮回。③《唱赞奥义书》对轮回的理解有代表性:

> 若其生命离其一枝矣,则其一枝萎;又离其一枝矣,则其一枝枯;……,唯生命已离弃也,则(此身)死矣! 而其生命不死也。④

《薄伽梵歌》对灵魂轮回有这样的记述:

> 如性灵的于此身分,历童年,少,壮,老衰,如是而更得一身分! 智坚定者于斯不疑。……彼未尝或生,亦未尝灭,未为已是分,又或将是非是;未生,常存,永恒,而太始分,身被戮而彼不毁。……如弃敝衣分,人斯革取其新;如是弃捐故体分,性灵入乎新身。⑤

后来的各门各派尽管有些方面观点迥异,但基本都承认轮回的存在。主流的吠檀多派认为"我即梵",我即一切,本来无所谓轮回。但由于无明的缘故而自我限制成有轮回的有情之"个我"。个我平时住于肉心内。死时"我"带着各

---

① 参见〔英〕渥德尔著,王世安译《印度佛教史》第 118 页,商务印书馆,2000 年。
② 参见徐梵澄译《五十奥义书》第 655~656 页,中国社会科学出版社,1984 年。
③ 参见徐梵澄译《五十奥义书》第 183~184 页,中国社会科学出版社,1984 年。
④ 徐梵澄译:《五十奥义书》第 209 页,中国社会科学出版社,1984 年。
⑤ 徐梵澄译:《薄伽梵歌》,载〔印度〕室利·阿罗频多著,徐梵澄译《薄伽梵歌论》491~493 页,商务印书馆,2003 年。

# 独步庄内
## ——对《庄子》内篇成书年代的一种研究

种机能而入于"细身"①,按照其"业力"循相应之路展开轮回。除非解脱,"我"将循环往返于天人兽等诸道,了无终止。② 数论派的"轮回"学与吠檀多派大同小异。③

英人查尔斯·埃利奥特对印度的轮回思想有精辟的论述:

> 印度宗教最具特色的教理——在印度很少的时候不存在,并被佛教输入它所影响的一切国家——就是所谓轮回之说,即灵魂的转生或转世。……肉体在死亡分解时,但是某种东西继续前进,移住于同样是暂时性质的屋宇之中。……印度人持有同样强烈的延续性的信念:一切事物都在消失和变化,但不能说任何事物是凭空而生又变为虚空。如果人的有机体(或任何有机体)只不过是一套机器,如果尸体只能说是像一只破钟烂表,那么(印度人认为)宇宙就不是这样相续不断的。宇宙的相续性对他来说意味着有某种东西永远以可毁灭的形式表现自己,但并不随这些形式而毁灭,如瓶破水在,薪虽已尽,而火焰则继续燃烧新柴。④

又说:

> 在印度思想上具有更广泛更深刻影响的观念,也许就是所谓生死轮回的宇宙概念,即变化转生的世界概念。再生和灵魂生生相续的观念,在许多国家的野蛮种族中,以不完整的形式存在,但是在印度,这一观念以成熟的形而上学产物的形式,而不是以残存物的形式,出现于世。……这一学说的基本思想是,像儿童长成少年人和老年人一样,灵魂从今生转入

---

① "细身"为类似于遗传基因的东西,由现量不能把握的"五唯"所成,为"我"(灵魂)进行轮回的载体。详见汤用彤《汤用彤全集》第三卷第169~171页,河北人民出版社,1996年。
② 参见汤用彤《印度哲学史略》,载《汤用彤全集》第三卷第169~171页,河北人民出版社,1996年。
③ 参见汤用彤《印度哲学史略》,载《汤用彤全集》第三卷第92~93页,河北人民出版社,1996年。
④ 〔英〕查尔斯·埃利奥特著,李荣熙译:《印度教与佛教史纲》第一册第43页,商务印书馆,1982年。

## 第三章 从基本观念看《庄子》内篇所属年代

来世,如果不是同一体,也是前后相续不断。①

可见,所谓轮回,其要点是"我"(灵魂)不变不死,但它可以采取不同的形式。

在印度,从奥义书以来,都认为轮回的世界在本质上是痛苦的,故而轮回的观念总与解脱的观念相伴。所谓解脱就是从痛苦中摆脱出来,或从轮回中摆脱出来。印度各派尽管有关解脱的思想各不相同,但都强调所谓"智"的方法。他们认为人生的痛苦和烦恼源自"无明",如能消除无明而达到一种正确的认识就是一个最好的解脱。这里最有代表性是吠檀多派的观念。他们认为,只要充分体悟到梵我同一、一切皆我,就能获得解脱。② 在他们那里,对轮回的充分体认就是解脱。

### (二)

在《庄子》内篇中(特别在《大宗师》中)轮回与解脱的思想随处可见。我们先从章太炎先生所说的"若人之形者,万化而未始有极也,其为乐可胜计邪"谈起。纵观上下文,也许有助于我们的把握。《大宗师》说:

> 夫大块载我以形,劳我以生,佚我以老,息我以死。故善吾生者,乃所以善吾死也。夫藏舟于壑,藏山于泽,谓之固矣!然而夜半有力者负之而走,昧者不知也。藏小大有宜,犹有所遁。若夫藏天下于天下而不得所遁,是恒物之大情也。特犯人之形而犹喜之。若人之形者,万化而未始有极也,其为乐可胜计邪?故圣人将游于物之所不得遁而皆存。善妖善老,善始善终,人犹效之,而况万物之所系而一化之所待乎!

与之相近还有另一段:

> "夫大块以载我以形,劳我以生,佚我以老,息我以死。故善吾生者,乃所以善吾死也。今大冶铸金,金踊跃曰:'我且必为镆铘!'大冶必以为

---

① 〔英〕查尔斯·埃利奥特著,李荣熙译:《印度教与佛教史纲》第一册第143页,商务印书馆,1982年。

② 参见姚卫群《印度哲学》196~197页,北京大学出版社,1992年。

# 独步庄内
——对《庄子》内篇成书年代的一种研究

不祥之金。今一犯人之形而曰：'人耳！人耳！'夫造化者必以为不祥之人。今一以天地为大炉，以造化为大冶，恶乎往而不可哉！"成然寐，蘧然觉。

这两段的意思基本一致，其中心的思想体现在"夫大块以载我以形，劳我以生，佚我以老，息我以死。故善吾生者，乃所以善吾死也"上。虽然造化者时而以形载我，时而以生劳我，时而以老佚我，时而以死息我，但"我"本身未尝改变。生时如此，死时亦如此，故说"善妖善老，善始善终"，又说"善吾生者，乃所以善吾死者"。附载我的形体虽老虽死，但"我"并未老化，更未消亡。正如《薄伽梵歌》所说："彼未尝或生，亦未尝灭，未为已是兮，或以将是非是；未生，常存，永恒，而太始兮，身虽戮而彼不毁。"①人的形体仅仅是"我"（灵魂）采用的一个形态之一。但宇宙万物其实都可以是"我"所搭乘的载体。如果因为取了"人"的形态就高兴，那万事万物无不可以为"我"，故说"其为乐可胜计邪"？这里，《庄子》内篇作者体现了强烈的"一切皆我，一切皆梵"的印度正统哲学思想，如各种奥义书分别说：

"自我"，惟此万有也。②

太初，此世界惟独自我也。③

凡此，皆大梵也。④

大梵永生者，惟是此万有；在前又在后，在左又在右；在上又在下，遍处无不复，唯是此大梵，美哉全宇宙。⑤

《大林间奥义书》：

---

① 徐梵澄译：《薄伽梵歌》，载〔印度〕室利·阿频罗多著，徐梵澄译《薄伽梵歌论》第493页，商务印书馆，2003年。张保胜的译述更通俗："任何时候他不生不灭，不曾出生就不会凋谢；身体纵然毁灭，也不会损害，他太始无生永恒常存。"参见王树英、张保胜主编《世界文化史故事大系——印度卷》第249页，上海外语教育出版社，2003年。

② 徐梵澄译：《五十奥义书》第232页，中国社会科学出版社，1984年。

③ 徐梵澄译：《五十奥义书》第20页，中国社会科学出版社，1984年。

④ 徐梵澄译：《五十奥义书》第138页，中国社会科学出版社，1984年。

⑤ 徐梵澄译：《五十奥义书》第703页，中国社会科学出版社，1984年。

## 第三章 从基本观念看《庄子》内篇所属年代

譬如金工,资(旧)像之金质,别铸为至新至美之形,心灵蜕弃此身及祛除无明已,亦复如是,乃别制至新至美之形,或为祖灵,或为乾闼婆,或为天神,或为般荼帕底,或为大梵,或为众生之形。①

《大宗师》还说:

子祀、子舆、子犁、子来四人相与语曰:"孰能以无为首,以生为脊,以死为尻;孰知死生存亡之一体者,吾与之友矣!"四人相视而笑,莫逆于心,遂相与为友。俄而子舆有病,子祀往问之。曰:"伟哉,夫造物者将以予为此拘拘也。"曲偻发背,上有五管,颐隐于齐,肩高于顶,句赘指天,阴阳之气有沴,其心闲而无事,胼而鉴于井,曰:"嗟乎!夫造物者又将以予为此拘拘也。"

子祀曰:"女恶之乎?"曰:"亡,予何恶!浸假而化予之左臂以为鸡,予因以求时夜;浸假而化予之右臂以为弹,予因以求鸮炙;浸假而化予之尻以为轮,以神为马,予因以乘之,岂更驾哉!且夫得者,时也;失者,顺也。安时而处顺,哀乐不能入也,此古之所谓县解也,而不能自解者,物有结之。且夫物不胜天久矣,吾又何恶焉!"

《养生主》中也有类似的一段话:

老聃死,秦失吊之,三号而出。弟子曰:"非夫子之友邪?"曰:"然。""然则吊焉若此可乎?"曰:"然。始也吾以为其人也,而今非也。向吾入而吊焉,有老者哭之,如哭其子;少者哭之,如哭其母。彼其所以会之,必有不蕲言而言,不蕲哭而哭者。是遁天倍情,忘其所受,古者谓之遁天之刑。适来,夫子时也;适去,夫子顺也。安时而处顺,哀乐不能入也,古者谓是帝之县解。……指穷于为薪,火传也,不知其尽也。"

生为"来",死为"去",死去的只是夫子的载体,而夫子只是换了一个处所而

---
① 徐梵澄译:《五十奥义书》第620页,中国社会科学出版社,1984年。

# 独步庄闶
## ——对《庄子》内篇成书年代的一种研究

已,其本身毛发无伤。夫子原来在人中,现在又处于他物中。原来的人体,现在的他物都是造化所赋予。就像火燃薪柴一般,旧薪虽尽,但火并未灭。① 正如《频加罗奥义书》所说:

> 知身如车乘,"自我"是乘者,知智犹御夫,意思唯缰索。
> 诸根说为马,境为驰骋原,心如游天车,智者作是言。
> 直至宿业尽,生似存蛇蜕,有身如有游,解脱、无家士。
> 则其人也,无论在神圣处或在屠狗之处而身故,必归冲漠之宇,舍其生命气息已,臻至独离。②

《羯陀奥义书》二有相似的表述。③

《庄子》内篇的"悬解"应就是印度思想解脱的意思。④ 两相对照,可知《庄子》内篇与奥义书的有关思想如合符契。

《大宗师》还说:

> 彼方且与造物者为人,而游乎天地之一气。彼以生为附赘县疣,以死为决㽺溃痈。夫若然者,又恶知死生先后之所在!假于异物,托于同体;忘其肝胆,遗其耳目;反复终始,不知端倪;芒然仿徨乎尘垢之外,逍遥乎无为之业。

这里的"彼"既指具体的人,更多的是指轮回中不变的"我"——灵魂(性灵)。"游乎天地之一气"中"气"常被认定为自然哲学中的"元气",《庄子》内篇因此也被说成有唯物论色彩。实则这里的"气"应指的是生命气息。按印度思想,轮回中的"我"需要一种生命气息承载从而导向下一个暂住之所。⑤

---

① 以"薪火"之关系喻"形神"之关系,在中国文献中,除《庄子》外,即以桓谭在《新论·形神》的论述为最早,桓谭为西汉末年人士,他极有可能已受到印度思想的影响。参见《弘明集》卷五。
② 徐梵澄译:《五十奥义书》第 831~832 页,中国社会科学出版社 1984 年。
③ 参见徐梵澄译《五十奥义书》第 363~364 页。中国社会科学出版社,1984 年。
④ 遍览先秦文献,未见有与"解脱""悬解"相应的语词和语境。
⑤ 参见汤用彤《印度哲学史略》,载《汤用彤全集》第三卷第 171~172 页,河北人民出版社,2000 年。

## 第三章 从基本观念看《庄子》内篇所属年代

《大林间奥义书》四,三说:

> 当其衰弱也,或以年老,或由疾病,以至于衰,是如芒果或无花果,或苹颇罗果,脱离其所系,如是其人亦脱离其肢体,循其所从来之路,所出发之源,疾驰而返于生命气息。①

又《大林奥义书》四,四:

> 彼即化为一也,……性灵(自我)遂或由眼,或由顶,或由身体余处转离(其身),以其转离也,生命随之而离,以生命之出离也,生命气息皆随之而出。②

《唱赞奥义书》一,八:

> 一切众生,与生气同入乎(身体),又与之同出。③

这段话似乎应放在印度思想的脉络中来理解。"彼方且与造物者为人,而游乎天地之一气。彼以生为附赘县疣,以死为决疭溃痈。"意思就是:他刚刚顺从造物者做完人,(现在)要游于天地间之生命气息中,他以生为拖累(附赘县疣),以死为解脱(决疭溃痈)。④"假于异物,托于同体"是说"我"这一生寄托于此,下一生又寄托于彼。从分别知的角度看,是"假于异物";但从"天地与我并生,万物与我为一"的道的角度看,则永远是"托于同体"。这里的"同异"观可用《吕氏春秋》中的文句解之:"天地万物,一人之身也,此之为大同,众耳目口鼻也,众五谷寒暑也,此之为众异。"⑤在印度思想中,特别在胜论派的经典《摄

---

① 徐梵澄译:《五十奥义书》第617页,中国社会科学出版社,1984年。
② 徐梵澄译:《五十奥义书》第619页,中国社会科学出版社,1984年。
③ 徐梵澄译:《五十奥义书》第94页,中国社会科学出版社,1984年。
④ 这里的思路与《庄子·至乐》中"察其始也,而本无生;非徒无生也,而本无形;非徒无形也,而本无气。杂乎芒芴之间,变而有气,气变而有形,形变而有生。今又变而之死,是相与为春秋冬夏四时行也"大不相同。《庄子》内篇绝无自然元气论的色彩。
⑤ 参见姚卫群译《古印度六派哲学经典》第54~55页。商务印书馆,2003年。

# 独步庄内
## ——对《庄子》内篇成书年代的一种研究

句义法论》中,就有把事物的"存在性"作为最高的"同",把具体事物之为具体事物称为"异",与《庄子》这里的思想完全吻合。① 而传统上对此的理解似乎都未中要害。②

《大宗师》:

> 子桑户、孟子反、子琴张三人相与友曰:"孰能相与于无相与,相为于无相为;孰能登天游雾,挠挑无极,相忘以生,无所穷终!"三人相视而笑,莫逆于心,遂相与友。莫然有间,而子桑户死,未葬。孔子闻之,使子贡往侍事焉。或编曲,或鼓琴,相和而歌曰:"嗟来桑户乎!嗟来桑户乎!而已反其真,而我犹为人猗!"

"而已反其真,而我犹为人猗!"这里的轮回观与《弥勒奥义书》如出一辙。它说:

> 此本质自我之道,由之舍弃此世之后,唯与(永生)自我结合而为一。③

《爱多列雅奥义书》也说:

> 彼如是知者,舍此身后上升,在彼方天界中尽得其欲乐,永生其臻至矣!其臻至矣!④

以上叙述表明,《庄子》内篇存在轮回解脱观念是毋庸置疑的。

---

① 高诱注,毕沅校,余翔标点:《吕氏春秋》第191页,上海古籍出版社,1996年。
② 传统的理解以成玄英为代表,以"假于异物,托于同体"为"水木金火,异物相假,众诸寄托,共成一身",指身体由各种不同的元素组成。这种理解与庄意了不相干。参见陈鼓应《庄子今注今释》第196页,中华书局,1983年。
③ 徐梵澄译:《五十奥义书》第446页,中国社会科学出版社,1984年。
④ 徐梵澄译:《五十奥义书》第28页,中国社会科学出版社,1984年。

# 第三章 从基本观念看《庄子》内篇所属年代

（三）

《庄子》内篇除强调智解脱外，也有不少关于通过修行达至解脱的"行解脱"方面的论述。

章太炎先生说："《大宗师》篇有不可解处，如'真人之息以踵，众人之息以喉'。喉踵对文，自当训为实字，疑参神仙家言也。"①

其实《庄子》类似难解处不少。如：

> 南伯子葵问乎女偊曰："子之年长矣，而色若孺子，何也？"曰："吾闻道矣。"南伯子葵曰："道可得学邪？"曰："恶！恶可！子非其人也。夫卜梁倚有圣人之才而无圣人之道，我有圣人之道而无圣人之才。吾欲以教之，庶几其果为圣人乎？不然，以圣人之道告圣人之才，亦易矣。吾犹守而告之，参日而后能外天下；已外天下矣，吾又守之，七日而后能外物；已外物矣，吾又守之，九日而后能外生；已外生矣，而后能朝彻；朝彻而后能见独；见独而后能无古今；无古今而后能入于不死不生。"

这段话显然仍然是实写，但用中国先秦原有的知识体系均不得其解。章太炎先生认为这段文字只能用佛教理论来理解。"案外天下至于外生，则生空观成矣。朝彻见独至于无古今，则前后际断，法空观成矣。凡二乘皆有生空观，无法空观。大乘有法空观，非到七地，犹未能证无生。此既成法空观，又入于不死不生，故知为七地尔。"②章氏的解释固然巧妙且富想象力，但或许用瑜伽理论来理解更为恰当。

瑜伽行法有八支：一夜摩（意为禁制），二尼夜摩（义为遵行），三坐法，四调息，五制感（控制官感，使不为外界所纷扰），六执持，七静虑（禅那），八为等持（三昧），前五支为外支，后三支为内支。夜摩和尼夜摩为外在的对日常道德行为的约束；坐法、调息和制感为内支的准备阶段；执持、静虑都是心注于一处，静虑是执持的继续和提高。它们都是达成内支最高境界——三昧必要的

---

① 章太炎：《国学讲演录》211页，华东师范大学出版社，1995年。
② 章太炎：《国故论衡》第133页，上海古籍出版社，2003年。

# 独步庄内
## ——对《庄子》内篇成书年代的一种研究

阶梯。① 上述《庄子·大宗师》中的一段显然把重点放在对三昧各层次的摹状上。三昧的相状很复杂。张保胜说:"与其说它是一个层位,不如说它是一个最高状态的升华过程。"②瑜伽三昧中包有七个层次,可与《庄子·大宗师》中从"外天下"到"不死不生"的七个层位一一对应。

第一层次为有寻——无寻三昧。汤先生说:"世智中之对象有二特性:一为客观(对象)与主观(心理)之互相独立,二为此对象之所以独立,因其与他对象有差别。在有寻三昧中,对象之经验,仍全具此二事。但名言知识往往于事实增益余相余义,而失彼自相,而起分别智(因明所谓之思构想)。故需远离名言义诸知识,而直与其实在的对象相接(如初生婴儿初见牛时的知识)。……扫除记忆以及一切关于对象之观念,而直知实在,称为无寻三昧。"③"扫除记忆以及一切关于对象之观念"与"外天下"的意指不谋而合。郭云:"外犹遗也";成云:"外,遗忘也。"④钟泰说:"'外'之犹遗之"⑤。这里的"外"字与《大宗师》中"忘仁义,忘礼乐,坐忘"中的"忘"字相近,均为遗忘、超越的意思。"有寻——无寻三昧"无疑相当于《大宗师》中"外天下"。

第二层次为"有伺——无伺三昧"。"瑜伽行者必须再进而取细尘(细尘即五唯)。此一阶段的禅定,其初犹尚有名言之杂入,至后则直取细尘之实相。……据本宗理论,普通经验只可取五大粗尘,至若五唯细尘,则非世智之所能知,……瑜伽行者在有伺——无伺三昧中,可直取五唯,并可至自性。自性细微,本不可见,在定中及能证知。"⑥此三昧超越可见可闻之经验物,直取五唯,与"外物"的意蕴正合。

第三层次为有喜三昧。"瑜伽行者由此阶段,尚须更进,由上述定中,自我发现无论粗细尘均非究竟,乃进而取更细之对象,以求于其中发现自我。……

---

① 参见汤用彤《印度哲学史略》之《瑜伽论》,载《汤用彤全集》第三卷第107~109页,河北人民出版社,2000年。以下对瑜伽的描述基本来自汤氏的《印度哲学史略·瑜伽论》。
② 张保胜:《瑜伽派》,载王树英张保胜主编《世界文化史故事大系——印度卷》第239页,上海外语教育出版社,2003年。
③ 汤用彤:《印度哲学史略·瑜伽论》,载《汤用彤全集》第三卷第109页,河北人民出版社,2000年。
④ 郭庆藩:《庄子集释》卷三第10页,中华书局影印,中国书店出版,1988年。
⑤ 钟泰:《庄子发微》第147页,上海古籍出版社,2002年。
⑥ 汤用彤:《印度哲学史略·瑜伽论》,载《汤用彤全集》第三卷第109页,河北人民出版社,2000年。

## 第三章　从基本观念看《庄子》内篇所属年代

在上述诸定主观与客观物质合一。若再进一步,则与主观作用(诸根)合一。"①心与诸根合一,不再有身体与感觉的意识,所以叫"外生"。

第四层次为"有我三昧"。"再上则心能静观喜德增胜之觉,而自我知识,巍然明照。……在有我三昧中,虽早舍暗忧二德增胜之烦扰世间,而终能取轻光能照之喜德而与之合一。"②这个层次的意象与"明照"相应,故《大宗师》中称它为"朝彻"。成云:"朝,旦也;彻,明也。"③钟泰说:"朝彻者,蔀障既撤,光明现前,有如朝日之出,物无隐形,故曰'朝彻'。'彻'者通也。"④

第五层次为无智三昧。前四层次均为有智三昧。"在此三昧中,虽超越世智,但心仍有作用,而有主观客观相对之知。……瑜伽行者自有智三昧,灭尽主客之知,心已停诸作用,乃进而有无智三昧。"⑤泯灭主客相对之知之无智三昧的最好形容无疑就是"见独"。"见独",王先谦注:"见一而已。"⑥

第六层次为无种三昧。这之前的各个层次都为有种三昧。"在此三昧中,心行亦仍未灭。心行者过去生活所遗留,而支配未来生活之诸种差异,故可号为种子。……无智三昧如行之既久,则种子灭尽,而名为无种三昧。"⑦即已灭尽种子,过去的行为不再影响现在、未来。过去、现在和未来了无干系,所以说"无古今"。

最高层次为解脱境界。"层层尘网,均被破除,心之缚束力量,至此已不能用于神我,而真知(般若)光照,神我由是独存而无垢矣。"⑧"神我独存"即是"不死不生"。

看来,"汝之年长矣,而色若孺子"的女偊应该是个瑜伽高手。

---

① 汤用彤:《印度哲学史略·瑜伽论》,载《汤用彤全集》第三卷第110页,河北人民出版社,2000年。
② 汤用彤:《印度哲学史略·瑜伽论》,载《汤用彤全集》第三卷第110页,河北人民出版社,2000年。
③ 郭庆藩:《庄子集释》卷三第10页,中华书局影印,中国书店出版,1988年。
④ 钟泰:《庄子发微》第147页,上海古籍出版社,2002年。
⑤ 汤用彤:《印度哲学史略·瑜伽论》,载《汤用彤全集》第三卷第111页,河北人民出版社,2000年。
⑥ 王先谦、刘武:《庄子集解 庄子集解内篇补正》第61页,中华书局,1987年。
⑦ 汤用彤:《印度哲学史略·瑜伽论》,载《汤用彤全集》第三卷第111页,河北人民出版社,2000年。
⑧ 汤用彤:《印度哲学史略·瑜伽论》,载《汤用彤全集》第三卷第111页,河北人民出版社,2000年。

# 独步庄内
## ——对《庄子》内篇成书年代的一种研究

《庄子》内篇中有关瑜伽修行的描绘不限于此,上述的"真人之息以踵,众人之息以喉"也应该来自瑜伽修炼。《商枳略奥义书》说:

> 安舒容易作体式而坐,以右鼻孔均匀吸入外间空气,而持满之,自发至于足趾、甲尖,再由左鼻孔呼出。以此而头脑清健,一切入乎气脉之病,尽皆消灭。①

《慧剑奥义书》:

> 念章节调匀使气息安定,平等运之于双足大指,次乃双踝,次双胫,皆唯三三。②

### (四)

与瑜伽相关,《庄子》内篇有不少关于"神通"的描写:

> 古之真人,登高不慄,入水不濡,入火不热。(《大宗师》)
>
> "曰:'藐姑射之山,有神人居焉。肌肤若冰雪,绰约若处子;不食五谷,吸风饮露;乘云气,御飞龙,而游乎四海之外;其神凝,使物不疵疠而年谷熟。'吾以是狂而不信也。"连叔曰:"然瞽者无以与乎文章之观,聋者无以与乎钟鼓之声。岂唯形骸有聋盲哉?夫知亦有之。是其言也,犹时女也。之人也,之德也,将旁礴万物以为一,世蕲乎乱,孰弊弊焉以天下为事!之人也,物莫之伤,大浸稽天而不溺,大旱金石流、土山焦而不热。是其尘垢秕糠,将犹陶铸尧舜者也,孰肯以物为事!"(《逍遥游》)
>
> 至人神矣!大泽焚而不能热,河汉冱而不能寒,疾雷破山、飘风振海而不能惊。若然者,乘云气,骑日月,而游乎四海之外,死生无变于己,而况利害之端乎!(《齐物论》)

---

① 徐梵澄译:《五十奥义书》第939页,中国社会科学出版社,1984年。
② 徐梵澄译:《五十奥义书》第957页,中国社会科学出版社,1984年。

## 第三章 从基本观念看《庄子》内篇所属年代

我们固然也可以说,以上《庄子》内篇关于"神通"的描述为虚写,为想象。但联系到前面与瑜伽修行方面的紧密联系,我们不能不说,在《庄子》内篇作者的心目中,这些"特异功能"是实实在在的。在印度思想体系中,这些"神通"有它从理论到实践的依据。在理论上,奥义书和《薄伽梵歌》都有这方面的阐述。

《唱赞奥义书》八,十二说:

> 惟(自视)此非身者,苦乐皆不能触。①

《大林间奥义书》:

> "我意在他处,故未见;我意在他处,故未闻。"——如是,盖唯以意而见,以意而闻已。欲望,妄想,疑惑,信,不信,坚定,不坚定,羞恶,智识,畏惧,——凡此皆意也,若拊人之背,彼亦以意知。②

《薄伽梵歌》二:

> 有人知此为不生不灭兮,无变异而常恒;……唯斯火不能焚兮,唯斯刃不能刊,唯斯水不能湿兮,唯斯风不能干。③

商羯罗对此做了详尽的解释:

> 弟子,你所说的"我在自己的身体被火烧刀割时会清楚地感到痛苦"这句话是不正确的。
>
> 为什么呢?(弟子问道。)
>
> 就如同被火烧刀劈的木头一样。身体只是知觉主体的知觉对象而已。作为对象的身体,因为知觉到火烧刀割的痛苦,那么要怎样说呢?

---

① 徐梵澄译:《五十奥义书》第249页,中国社会科学出版社,1984年。
② 徐梵澄译:《五十奥义书》第541页,中国社会科学出版社,1984年。
③ 徐梵澄译:《薄伽梵歌》,载(印度)室利·阿罗频多著,徐梵澄译《薄伽梵歌论》493~494页,商务印书馆,2003年。

— 119 —

# 独步庄内
——对《庄子》内篇成书年代的一种研究

当人们被问到"什么地方痛"时,他会说"头痛""胸痛"或"肚子痛";被火烧的地方会指出哪里痛,但却说不出知觉主体(是痛苦的地方)。当然,如果痛苦如火烧刀割的痛苦是在知觉主体的话,那么人们就会像指出身体是火烧刀割的地方一样,指出知觉主体是痛苦的地方。

大概(痛苦)这东西跟眼中所见色形一样,是知觉不了吧!这样,把痛苦作为与被火烧刀割的地方一样的东西来知觉,于是痛苦与被火烧同样地被作为(知觉)对象了。另外,痛苦还把生成作为本性,就如用米做饭是有根据出处的。痛苦印象与痛苦是来自同一出处的,因为(痛苦的印象是在痛苦)被想起的同时所知觉到的。与痛苦与痛苦的原因相对应的嫌恶,与正确的印象来自同一处。如下所述:

贪欲嫌恶色形相,
三者共同出一心,
知觉畏惧也如此,
惟我清净无畏惧。①

商羯罗的长篇大论可归结为一句:感受痛苦的仅仅是肉体,"我"——性灵与肉体本无牵挂。世人为何有痛苦的印象,只源于妄执肉体为自我。物理方面的窒碍对性灵并不起作用。"入水不濡""入火不热"在商羯罗们看来,是自然不过的事。

在实践方面,瑜伽行者似乎能出入水火,凌空飞行。《瑜伽真性奥义书》就说:

更进修持不辍,则能飞行虚空。②

还说:

以"洼"而行气于"水处",忆念那罗衍拿天,四臂而冠冕者,明净光如

---

① 转引自孙晶《印度吠檀多不二哲学》第483~484页,东方出版社,2002年。
② 徐梵澄译:《五十奥义书》第902页,中国社会科学出版社,1984年。

## 第三章 从基本观念看《庄子》内篇所属年代

水晶,衣黄袍,为坚凝者。持之五刻,则解除一切罪业。由是彼无畏于水,亦不死于水。……

行气于火处,……,持之五刻,则其人火不能焚。虽入火炕,而其身不灼。①

由此可见,《庄子》内篇的各种"特异功能"是有它的理论和实践依据的,它们和印度的"神通"体系一脉相承。

联系到《庄子》外篇中的一些相关段落,或许能对我们理解《庄子》书的产出次序有帮助。《达生》说:

子列子问关尹曰:"至人潜行不窒,蹈火不热,行乎万物之上而不慄。请问何以至于此?"关尹曰:"是纯气之守,非知巧果敢之列。居,吾语女,凡有貌象声色者,皆物也,物与物何以相远,夫奚足以至乎先?是色而已,则物造乎不形,而止乎无所化,夫得是而穷之者,彼将处于不淫之度,而藏乎无端之纪,游乎万物之所终始,壹其性,养其气,合其德,以通乎物之所造。夫若是者,其天守全,其神无郤,物奚自入焉?"

不难看出,《达生》篇中对"神通"的理解与瑜伽理论是极为类似的,反映出它的思想水平与《庄子》内篇十分接近。而在同样是《庄子》外篇的《秋水》中,我们看到一种完全不同的对"神通"的理解:"知道者必达于理,达于理者必明于权,明于权者不以物害己。至德者,火弗能热,水弗能溺,寒暑弗能害,禽兽弗能贼。非谓其薄之也,言察乎安危,宁于祸福,谨于去就,莫之能害也。"这里对"神通"的理解与前述《达生》篇完全不在一个档次。这里几乎就是一个世俗人士明哲保身、苟且偷生的心理写照,既无形而上的意味,也无修炼的内容。

刘笑敢教授为了要表明《达生》篇和《秋水》篇同时相对《庄子》内篇的后出,非要把这两个完全不在一个哲学水平上的对"神通"的解释放在同样的时间进程中,②使我们完全失去了思想演变的秩序感。辨明《达生》篇和《秋水》

---

① 徐梵澄译:《五十奥义书》第905页,中国社会科学出版社,1984年。
② 参见刘笑敢《庄子哲学及其演变》第15页,中国社会科学出版社,1987年。

# 独步庄内
## ——对《庄子》内篇成书年代的一种研究

篇孰早孰晚超出了本书的范围。值得指出的是,刘氏认为,《庄子》内篇关于"神通"的描述是老师提出问题,《达生》和《秋水》两篇对"神通"的解说是学生对老师的回答。笔者认为,刘氏的解释极为牵强。《达生》篇和《庄子》内篇的关系我们暂且不论。对于《秋水》篇来说,我们为什么不可以说,《秋水》篇是对一个新知识尝试性的猜测,而《庄子》内篇则是身体力行、真切体验后的系统总结,所以应是《秋水》篇在前,《庄子》内篇在后。对刘氏的结论而言,首先我们要说,《庄子》内篇本身就是一个完整的体系,它并没有也不需要向谁提出问题。① 特别是,如果以《庄子》内篇这样精深的思想为老师,就不应该有《秋水》篇这样庸俗的学生;反过来我们可以说,如果有《秋水》篇那样对"神通"世俗理解的学生,就不可能存在《庄子》内篇那样对"神通"有极高理论表述和实践修为的老师。以笔者的浅见,《庄子》内篇和《秋水》篇应属互不关联的思想系统。如果非要分孰先孰后,根据思想传播的规律我们似乎可以这样来把握:追求"入水不濡""入火不热"这样的"神通"是每一个原始部落和每一个先民的愿望。当一个族群风闻另一个族群有如此的"神通"思想和实践时,向往之情不言而喻。但要理解一个精深的思想绝不是一时半会就能完成的,于是各式各样的猜测会不胫而走,将信将疑也势所难免。待到真正的理解成为可能时,或许已是"前尘后世"了。据此,笔者认为《庄子》内篇成书当在《秋水》篇之后。考虑到原始年代的信息交流的迟缓,做这样的推断是合情合理的。至于《庄子》内篇与《达生》篇的先后关系,不妨认为它们为大致同时的作品,都是在印度思想被充分理解后的产物。

### 四、天人合一观念

前面已经说过,《庄子·齐物论》中"大块噫气"中"大块"有两重意思,其一指的是外在大地自然,其二即指的是人的身体。宇宙是个大人体,人体是个小宇宙。这表明《庄子·齐物论》中就具有明确的"天人合一"思想。

再来看看《逍遥游》的"息"和"生物",看看它们意味着什么?"息"在《庄

---

① 那种认为真正的庄子——战国中期的庄周有学派和弟子的观点极有可能是一种臆想,要知道历史文献中从没有庄周有弟子的记载。从《盗跖》篇、《让王》篇和《渔父》篇的思想中也看不出在中国的土壤中会有庄子学派。

## 第三章 从基本观念看《庄子》内篇所属年代

子》内篇共12见(《逍遥游》3见;《人间世》1见;《大宗师》7见;《应帝王》1见),我们感兴趣的是《逍遥游》中两个"息"字:"去以六月息者也"和"生物之以息相吹也"。

先看第一个"息"字。对此"息"字的理解有两种意见:第一种意见以郭象为代表,把"息"理解为休息之息,于是把"去以六月息者也"解成"夫大鸟一去半岁,至天池而息。"①第二种以释德清为代表,把"息"理解成"风"。如释德清说:"周六月,即夏四月,谓盛阳开发,风始大而有力,乃能鼓其翼。'息即风'。"宣颖说:"息是气息,大块噫气也,即风也。六月气盛多风,大鹏便于鼓翼,此正明上六月海运则徙之说也。"②两种意见各有所出,但联系到下面的"生物之以息相吹也",则无疑应第二种意见为是,正如陈鼓应教授所言:"俗多从郭注,不妥,当依释德清和宣颖等说。"③

"生物之以息相吹也"之"生物"也是争论的焦点。钟泰先生认为"生物"即指"野马,尘埃"。"野马、尘埃而谓之'生物'者,所谓生生之谓易,以其流动变化言,非如今人言生物无生物比也。"④闻一多先生的观点刚刚相反,他说:"……则野马尘埃与生物必为两事。《人间世》篇曰:'汝不知夫养虎者乎?不敢以生物与之,为其杀之之怒也。'生物者死物之反也。本篇生物义同,故能以息吹。若野马尘埃皆尘土耳,焉得为生物哉?……吹之者生物,被吹者野马尘埃也。"⑤闻一多先生的理据和逻辑似乎都令人拜到,不得不服。

把这两句话联系起来考虑,我们现在要问的是,以"息代表风"意味着什么?"以息相吹"的"生物"又是什么呢?

"息"字是含义最丰富的汉语词汇之一,《汉语大字典》共列举了14种:一为呼吸之气;二为叹气;三为滋息生长;四为停止;五为休息;六为消失;七为慰劳;八为归返;九为安定;十为儿子;十一为利息;十二通"瘜";十三为国名;十

---

① 郭庆藩:《庄子集释》卷一第2页,中国书店影印出版,1988年。
② 转引自陈鼓应《庄子今注今译》上册第5页,中华书局,1983年。
③ 陈鼓应:《庄子今注今译》上册第5页,中华书局,1983年。
④ 钟泰:《庄子发微》第7~8页,上海古籍出版社,2002年。
⑤ 闻一多著,李定凯编校:《周易与庄子研究》第94页,巴蜀书社,2003年。

# 独步庄门
——对《庄子》内篇成书年代的一种研究

四为姓。① 这之中并无直接为"风"的含义,一想可知,这里的"息"是呼吸之气之意思,"风"是它的引申义。"鹏之涉于南冥也……,去以六月息者也"是谁的呼吸可以当得起使大鹏远涉南冥之大风呢?无疑是"大块噫气"的结果。可以想见,《庄子》内篇的作者是把宇宙自然作为一活生生的东西。后面的"野马也,尘埃也,生物之以息相吹也"中"生物"也还是指这同一个活生生的宇宙自然,使"翼若垂天之云"的大鹏远涉南溟的是该"生物",吹动细小之物——"野马尘埃"的同为这有灵性的"生物"。把大自然拟人化在中国先秦文献中无先例,被高诱称为"备天地万物古今之事"②之《吕氏春秋》都没有类似的记载。最早有明确的"天人合一"思想表述的应是《春秋繁露》和《淮南子》。《春秋繁露·人付天数》说:

> 人有三百六十节,偶天之数也,形体骨肉,偶地之厚也;上有耳目之明,日月之象也;体有空窍理脉,川谷之象也;……鼻口呼吸,象风气也。③

《淮南子·精神训》说:

> 故头之圆也象天,足之方也象地。天有四时、五行、九解、三百六十六日,人亦有四支、五藏、九窍、三百六十六节。天有风雨寒暑,人亦有取与喜怒。故胆为云,肺为气,肝为风,肾为雨,脾为雷,以与天地相参也,而心为之主。是故耳目者,日月也;血气者,风雨也。④

现在看来,它们的共同源头也是印度。我们在前面解释《齐物论》"大块噫气"和"人籁、地籁、天籁"时,就已列举过《奥义书》中有相当多的"人身即宇宙"的思想表述。⑤ 其实早在梨俱吠陀年代,《原人歌》就说:"原人之神,微妙现身,

---

① 参见汉语大字典编辑委员会编纂《汉语大字典》第一卷第2291~2292页,湖北辞书出版社和四川辞书出版社联合出版,1988年。
② 〔汉〕高诱注,〔清〕毕沅校,余翔标点《吕氏春秋》第6页,上海古籍出版社,1996年。
③ 〔汉〕董仲舒撰,周桂钿等译注《春秋繁露》第493页,山东友谊出版社,2001年。
④ 阮青注释《淮南子》第118页,华夏出版社,2000年。
⑤ 参见本书第三章。

## 第三章　从基本观念看《庄子》内篇所属年代

千头千眼,又具千足;包摄大地,上下四维;……彼之胸脯,生成月亮;彼之眼睛,显出太阳;口中吐出,雷神火天;气息呼出,伐成风神。"①

这种"宇宙即人身"的思想在《爱多列雅奥义书》也有很经典的表述。它说:"彼遂以思虑而凝集之。以其受彼思虑之凝集也,口遂分别而出焉,如卵。由口生语言,由语言生火。鼻遂启焉,由鼻生气,由气生风。眼遂开焉,由眼生见,由见生太阳。耳遂张焉,由耳生闻,由闻生诸方。皮遂现焉,由皮生毛发,由毛发生草木……"②

这里的"彼"既是大梵,也是"自我"(Atman),所以大梵是一个"生物"(misat)。③ 只是这个"生"主要不是自然意义上的"生",而更多是思维逻辑意义上的"生"。《庄子·逍遥游》中"生物"似乎更应该从这方面来理解,方能与《庄子》内篇的神韵相契。

季羡林先生曾高度评价中印两地"天人合一"思想的一致性。他说:总起来看,中国讲"天人",印度讲"梵我",意思基本上是一样的。印度思想家有时候用tat(等于英文的that)这个字来表示梵。梵文tatkartr,表面上看是"那个创造者",意思是"宇宙的创造者"。印度古代很有名的一句话Tat tvam asi,表面上的意思是"你就是那个",真正的含义是"你就是宇宙"(你与宇宙合一)。④ 季先生没有明言中印的"天人合一"思想谁早谁晚,但答案当然是现成的。

以上分析表明,《庄子》内篇的一些主要观念与印度的正统思想极为吻合,这种吻合的程度之高,使我们认识到离开印度思想的框架,我们甚至无法很好地理解《庄子》内篇。由此笔者认为《庄子》的一些主要观念与印度思想存在着源流之关系。无疑,印度思想为源,《庄子》内篇为流。⑤ 我们知道印度思想

---

① 转引自巫白慧《印度哲学——吠陀经义和奥义书解释》第49~50页,东方出版社,2000年。
② 徐梵澄译:《五十奥义书》第20页,中国社会科学出版社,1984年。
③ 参见徐梵澄译《五十奥义书》第21页,中国社会科学出版社,1984年。
④ 季羡林:《天人合一新解》,载《当代学者自选文库·季羡林卷》695页,安徽教育出版社,1999年。
⑤ 在缺乏交流的情况下,不同文化之间很难发展出相同的思想观念和方法,特别是当文化发展到一个高级阶段的时候。或者我们可以比较严格地说,两个相互孤立的文化区域发展出相同的高级文化的概率极小。用一个不太恰当的比方,大约相当于两个不同种爬行类(恐龙)独立演化到鸟类的概率(任何一个古生物学家都不会作如是想),或大致相当于在两个不同的地区独立产生"非典"病毒的概率(稍具科学意识的人都会认为不同地区的"SARS"是同源的,尽管人们目前尚不清楚它的具体源头)。

# 独步庄门
## ——对《庄子》内篇成书年代的一种研究

大规模向外传播是由孔雀王朝的阿育王年代开始的,阿育王即位于公元前268年。① 这给我们确定《庄子》内篇的年代提供了一个明确的上限。② 如果这一结论成立,那《庄子》内篇不可能出于战国中期的庄周。考虑到从传播到接受一个思想(特别是一个像《庄子》内篇那样的高度形而上思想)需要相当的时间耗费,我们认为,《庄子》内篇大概只能是汉以后的作品。

实际情况也正是如此,前面我们已指出,上述源自印度的《庄子》观念在先秦的文献中都未见及,包括杂家式的《吕氏春秋》也不例外。而到了西汉早中期,则上述源自印度的观念都或多或少地出现在当时的各家作品中。贾谊似乎就是深受这股思潮影响的先驱。③ 董仲舒的"人付天数"思想无疑与这股思潮有关。而在《淮南子》中,则印度思想的痕迹处处可见,虽然它不像《庄子》内篇那样有系统,那样深入,但它无疑为《庄子》内篇作者提供了一个很好的语言和思想平台。④

---

① 参见〔英〕渥德尔《印度佛教史》第223页,王世安译,商务印书馆,2000年。梁启超以为是公元前266年,参见梁启超《佛学研究十八篇》第42页,上海古籍出版社,2001年。似就以前者为准。
② 理论上不排除印度思想更早外传的可能性,但目前缺乏可靠的文献和实物依据。
③ 刘笑敢教授对此有很好的梳理,参见刘笑敢《庄子哲学及其演变》第43~47页,中国社会科学出版社,1987年。值得一提是,二十世纪六十年代有关《庄子》的大讨论时,人们常用的一个语词——"没落奴隶主思想"其实就指的是贾谊在《吊屈原赋》和《服鸟赋》所表达的思想情绪。它应与印度思想的传入有关,而与所谓的"没落奴隶主阶级"并不相干。
④ 印度思想对中国的传播始于何时一直是个争论不决的问题,解决这个问题已远远超过了本书的范围。本书重点是从思想脉络本身给出一个设定:印度思想成规模向外传播是由孔雀王朝的阿育王年代开始,时在公元前268年,这是一个世界公认的时间点,把它作为中国本土接受印度思想的年代上限是合适的。另外值得考虑的是,(1)梁启超先生认为:"秦始皇实与阿育王同时,阿育王派遣二百五十六人于各地。……且当时中印海路交通似已开(法人拉克伯里考据此事颇详)。然则育王所遣高僧或有至中国者,其事非不可能。"(梁启超:《佛学研究十八篇》第22页,上海古籍出版社,2001年。)(2)《广弘明集》卷十一引释道安、朱士行等经录说始皇之时,有外国僧人持佛经来化始皇,此事费长房《历代三宝记》已有提及。虽然没有进一步证实,但似乎并非空穴来风。(参见汤用彤《汉魏两晋南北朝佛教史》,载《汤用彤全集》第一卷第5~6页,河北人民出版社,2000年。)(3)徐梵澄先生在其《五十奥义书》译者序中说:"史称楚王英好浮屠之仁祠,其所服食,则婆罗门之法也。"(见徐梵澄译《五十奥义书》第8页,中国社会科学出版社,1984年。)如此则印度思想初传华夏者,并非单为佛教。

# 第四章 结论及对主流观点的回应

## 一、结论

上述分析可归为如下结论：

1.《庄子》内篇的几个极重要的观念来自印度，这表明它的成书年代当在印度思想成规模外传之后。尽管目前对印度思想正式传入中国有歧见，但不早于公元前268年应是一个公认的上限。这说明战国庄子不可能是《庄子》内篇的作者。

2. 对《庄子》内篇和《吕氏春秋》《淮南子》相同或相近文句进行的考察表明，《庄子》内篇成书应在《吕氏春秋》和《淮南子》之后。

3. 对《庄子》内篇内含字词的研究表明：(1)"精"字和"神"关联使用，说明其成书不早于《吕氏春秋》；(2)"神人"作为复合词在《庄子》内篇中多见，表明其成书在《淮南子》之后；(3)"鹏"字和"蝶"字的出现表明其成书不早于后汉；(4)"野马"作为一意象词出现，说明其成书当在汉末佛经《道行般若经》之后。

## 二、对主流观点的几个回应①

### （一）

我们现在所见的三十三篇《庄子》为晋朝郭象的辑本，为郭象对魏晋间流行的五十二篇的裁取。但郭象时的五十二篇本《庄子》（司马彪和孟氏所注）是否即《汉书·艺文志》之五十二篇《庄子》是一个问题。认定魏晋之五十二

---

① 笔者认为，郭象以来的对《庄子》的评价可称为主流观点，而司马迁对《庄子》的评价方为真正的传统观点。

# 独步庄门
## ——对《庄子》内篇成书年代的一种研究

篇本《庄子》即《汉书·艺文志》之五十二篇本《庄子》只是唐朝陆德明一人之猜测。① 日本高山寺古抄本所载郭象《庄子注后序》说：

> 然庄子闳才命世,诚多英文伟词,正文若反。故一曲之士,不能畅其弘旨,而妄窜奇说。若《阏亦》《意脩》之首,《尾言》《游易》《子胥》诸篇,凡诸巧杂,若此之类,十分有三。或牵之令近,或迂之令诞;或似《山海经》,或似《梦书》;或出《淮南》,或辩形名;而参以高韵,龙蛇并御。且辞气鄙背,竟无深澳,而徒难知以困②后蒙。今沉滞失乎流,岂所求庄子之意哉! 故皆略而不存。令唯哉取其长达致全乎大体者,为卅三篇者。③

从上述引文不难看出,郭象认为魏晋间的五十二篇本《庄子》是"一曲之士""妄窜奇说"所造就。郭象虽未明言"妄窜奇说"者是谁? 但从文章的口吻上体会,应指的是魏晋当时之"一曲之士"。至少从郭象的言辞中无法想象他所说的"一曲之士"是整理编辑《汉书·艺文志》中五十二篇本《庄子》的刘向。而以陆德明的思路,则"妄窜奇说"的"一曲之士"只能是前汉的刘向了,这显然是有背史实且令人无法理解的。笔者认为,陆德明认魏晋间五十二篇本《庄子》即为《汉书·艺文志》五十二篇本《庄子》是有极大疑问的。或者,魏晋间五十二篇本《庄子》竟是魏晋间人杂取各家附会汉志的五十二篇本《庄子》也未可知。我们知道,《庄子》在两汉间甚少流传,而汉末的大动荡使文献损失极为惨重。

## (二)

刘向所辑之《汉书·艺文志》五十二篇本《庄子》也未必是司马迁所见的《庄子》。主流观点以司马迁说庄子著书十余万言,以现本《庄子》三十三篇合六万多字计,五十二篇就正好为十余万言,于是便认定史迁所见《庄子》即刘向所编之五十二篇本《庄子》。其实这仅仅是一个表面的偶合而已。首先,史迁

---

① 陆德明说:"《汉书·艺文志》《庄子》五十二篇,即司马彪、孟氏所注是也。"载谢祥皓、李思乐辑校《庄子序跋评论辑要》第7页,湖北教育出版社,2001年。

② "因",武内义雄说当作"困",转引自谢祥皓、李思乐辑校《庄子序跋评论辑要》第6页,湖北教育出版社,2001年。

③ 转引自谢祥皓 李思乐辑校《庄子序跋评论辑要》第5页,湖北教育出版社,2001年。

## 第四章 结论及对主流观点的回应

所说十余万言为一粗略之数，有一定的误差是十分自然的。更重要的是，史迁所见《庄子》并未经人整理，其中重复相近之文当不在少数。刘向整理诸子时，重复的情况相当严重，如整理《荀子》时，322篇就有290篇重复。① 考虑到这种情况，把司马迁所见的《庄子》等同于刘向所成之五十二篇本《庄子》是经不起推敲的。

### （三）

认定《庄子》内篇为战国庄子本人所作似乎主要基于人们的信仰，而非源自客观的依据和科学的推论。不知从何时起，《庄子》内篇为庄周本人的手笔成为人们的一种信仰。正如王船山认定《庄子·天下》为庄子自作时说"固非庄子莫能为也"②一样，明人焦竑的观点很有代表性："内篇断非庄子不能作，外篇杂篇则后人窜入者多。"③但从客观的历史记载中，却似乎得不出这样的结论。

最早对《庄子》进行评述的是荀子，他说"庄子蔽于天而不知人"。对于这句话的理解各家有很大的出入，④这句话本身也过于笼统，我们姑且存而不论。但据王叔岷先生考证，战国庄子之后的先秦诸家如《荀子》《韩非子》和《管子》⑤所引《庄子》几乎都出于《庄子》外杂篇，⑥在王氏所辑的《吕氏春秋引用庄子举正》一文中，他用列举的《庄子》也绝大多数出自外杂篇。⑦ 这使深信

---

① 参见梁启超《荀子书之著作及其编次》，载罗根泽编《古史辨第四册》第110页，上海古籍出版社，1982年。
② 〔清〕王夫之著，王孝鱼点校《庄子解》第277页，中华书局，1964年。
③ 转引自任继愈《庄子探微》，载《庄子哲学讨论集》第180页，中华书局，1962年。
④ 任继愈先生认为这句话与《齐物论》《逍遥游》和《养生主》等《庄子》内篇的主要思想是矛盾的。（参见任继愈《庄子探微》，载《庄子哲学讨论集》第181~182页，中华书局，1962年）而以张德钧为代表，则认为这句话恰好表明《庄子》内七篇为战国庄子的代表作。（参见张德钧《〈庄子〉内篇是西汉初人的作品吗？》，载《庄子哲学讨论集》第277~283页，中华书局，1962年）
⑤ 王叔岷先生认为《管子》为"战国周末人增删之作"，参见王叔岷《读庄论丛》，载陈鼓应主编《道家文化研究》第十辑第229页，上海古籍出版社，1996年。
⑥ 王先生说："然荀子去庄子未远，窃怪其书中散见《庄子》之文，几尽出于外杂篇……""《韩子》书中散见庄子之文尚多，亦几尽出于今本外杂篇……""他如《管子》之书，其袭用《庄子》之文，……亦几尽出于今本外杂篇。"王叔岷：《读庄论丛》，载陈鼓应主编《道家文化研究》第十辑第229~230页，上海古籍出版社，1996年。
⑦ 参见王叔岷《吕氏春秋引用庄子举正》，载陈鼓应主编《道家文化研究》第十辑第252~266页，上海古籍出版社，1996年。

# 独步庄内
## ——对《庄子》内篇成书年代的一种研究

《庄子》内篇为庄子本人所作的他连叹"窃怪"。其实只要我们以稍微开放的心态来看待此事，会自然而然地想到，或许原本《庄子》并无今本内篇的内容，而原本《庄子》只与今本外杂篇相关。何怪之有呢?!

司马迁对《庄子》的评述最具权威性。他在给庄子作传时说：

> 庄子者，蒙人也，名周。周尝为蒙漆园吏，与梁惠王、齐宣王同时。其学无所不窥，然其要本归于老子之言。故其著书十余万言，大抵率寓言也。作《渔父》《盗跖》《胠箧》，以诋訿孔子之徒，以明老子之术。《畏累虚》《亢桑子》之属，皆空语无事实。然善属书离辞，指事类情，用剽剥儒、墨，虽当世宿学不能自解免也。其言洸洋自恣以适己，故自王公大人不能器之。①

很明显，史迁的庄子传中并没有任何与现行《庄子》内篇相一致的内容。不独《史记》中对《庄子》的记述如此，《汉书》也有类似的记录。《汉书·叙传》：

> 若夫严子者，②绝圣弃智，修生保真，清虚淡泊，归之自然，独师友造化，而不为世俗所役者也。渔钓于一壑，则万物不奸其志，栖迟于一丘，则天下不易其乐。不绁圣人之罔，不嗅骄君之饵，荡然肆志，谈者不得而名焉，故可贵也。③

不难看出，在班固的眼中，原本《庄子》也仅与现本《庄子》的部分外杂篇相关。

《汉书·宣元六王传》也说：

> 诸子书或反经术，非圣人；或明鬼神，信物怪。④

在这里，《庄子》作为诸子书的一种，它的主要内容似乎仍是"反经术，非圣

---

① 〔汉〕司马迁撰，李全华标点：《史记》第 494~495 页，岳麓书社，1988 年。
② 笔者按："严子"即"庄子"，为避汉明帝刘庄的"庄"字而改为"严"。
③ 〔汉〕班固撰，赵一生点校：《汉书》第 1261 页，浙江古籍出版社，2000 年。
④ 〔汉〕班固撰，赵一生点校：《汉书》第 1007~1008 页，浙江古籍出版社，2000 年。

## 第四章 结论及对主流观点的回应

人",与史迁的传记无二。

扬雄的《法言》对《庄子》的评价仍一如既往。《法言》第六:

> 或曰:"庄周有取乎?"曰:"少欲。""邹衍有取乎?"曰:"自持。至周罔君臣之义。衍无知于天地之间,虽邻不觌也。"①

可见,扬雄所见的《庄子》仍集中在今本《庄子》的外杂篇中,并不含今本《庄子》内篇的内容。

一直到后汉末的高诱,他所知的《庄子》似乎也没有今本《庄子》内篇。高诱所注《淮南子》向我们透露出这方面的信息。《淮南子·俶真训》说:"夫大块载我以形,劳我以生,逸我以老,休我以死。"高诱下注:"庄子曰:'生乃徭役,死乃休息也',故曰休我以死。"②高诱的注无疑向我们表明,高诱所见的《庄子》只有"生乃徭役,死乃休息也"这句话而没有"夫大块载我以形,劳我以生,逸我以老,息我以死"这句话,否则,他不会如此作注。而"夫大块载我以形,劳我以生,逸我以老,息我以死"这句话是今本《庄子》内篇至为核心的一段话语,是反映《庄子》内篇作者思想的一关键词语。

近年出土的一些与《庄子》有关的文献也都与今本外杂篇有关。(1)《郭店楚简》的《说之道》(原名《语丛四》)有云:"窃钩者诛,窃国者为诸侯。诸侯之门,义士之所存。"③《庄子》外篇《胠箧》和杂篇《盗跖》有与此相近的表述。(2)葬于西汉文帝时的阜阳汉墓出土的与《庄子》有关的几个片断也都在今本杂篇《则阳》《让王》和《外物》中。④ 这些实证资料都强力地证明史迁庄子传的中肯。

一个富有煽动性的逻辑是,司马迁的《史记》和其他先秦两汉的文献以及考古材料中未提到《庄子》有"逍遥""齐物"的内容并不能证明《庄子》内篇在彼时不存在,所有认定《庄子》内篇为战国庄子所作的人士其实都有意无意地

---

① 汪荣宝撰,陈仲夫点校:《法言义疏》上册第134~135页,中华书局,1987年。
② 刘文典撰,冯逸、乔华校点:《淮南鸿烈集解》上册第46页,中华书局,1989年。
③ 李零:《郭店楚简校读记》(增订本)第44页,北京大学出版社,2002年。
④ 参见韩自强、韩朝《阜阳出土的〈庄子·杂篇〉汉简》,载陈鼓应主编《道家文化研究》第十八辑第10~14页,生活、读书上、新知三联书店,2000年。

# 独步庄内
## ——对《庄子》内篇成书年代的一种研究

坚守这块信仰的阵地。对此笔者认为：司马迁对原本《庄子》的评价并非单证，如上所述，所有先秦及两汉的可信文献都与史迁的结论是一致的；出土材料也站在史迁一边。

这一逻辑的理论依据按英国著名哲学家卡尔·波普尔的话就是所谓的"存在命题是不可反驳的"。① 正如波普尔氏所言，存在命题虽然不可反驳，但却是虚假的。他说：

> 下面是一个严格的或纯粹的存在陈述的例子。"存在着一颗珍珠，它的大小十倍于第二大的珍珠。"……一个严格的或纯粹的存在陈述适用整个宇宙，它所以是不可反驳的，仅仅是因为不可能有反驳它的方法。因为，即使我们能够寻遍整个宇宙，这严格的或纯粹的存在陈述也不会由于我们找不到这颗所要找的珍珠而被反驳，因为这颗珍珠总是能够隐藏在我们没有看到的一个地方。……即便如此，我们也有理由相信这个不可反驳的存在陈述是虚假的。②
>
> 而"存在命题"之所以虚假，正是由于它的不可反驳性。此类命题不来自对客观观察的归纳，而只是由于它的逻辑上的（及经验上的）无法反驳。在波普尔氏看来，真正的科学的或经验的理论正在于它的经验反驳的可能性。"正是经验反驳的可能性使经验的或科学的理论显出其特色。"③

人们惯常的思维——"司马迁的《史记》、其他先秦两汉的文献以及考古材料中未提到《庄子》有'逍遥''齐物'的内容并不能证明《庄子》内篇在彼时不存在"就是一个十分典型的"存在命题"，它的言下之意就是说：《庄子》内篇在先秦和两汉是存在的，只是我们没有找到而已。以上述波普尔氏的观点来衡量，它的虚假性自不待言。

---

① 〔英〕卡尔·波普尔：《猜想与反驳》第281页，上海译文出版社，1986年。
② 〔英〕卡尔·波普尔：《猜想与反驳》第280～281页，上海译文出版社，1986年。
③ 〔英〕卡尔·波普尔：《猜想与反驳》第281页，上海译文出版社，1986年。

# 附　　录

## 逍遥的三个层次——试论《庄子》内篇的结构[①]

**内容提要**：本文认为，《庄子》内篇是一部结构紧密、层次分明的作品。《逍遥游》提出"逍遥"的三次层次：无名、无功、无己。《齐物论》用"无是非""无封""无我"三重境界对此予以论说。《养生主》是《逍遥游》的续篇。《人间世》的主旨是"无名"；《德充符》的主旨是"无功"；《大宗师》的主旨是"无己"。《应帝王》是《庄子》内篇的总结，同时也是对《逍遥游》的呼应。

**关键词**：逍遥　层次　结构

## 一

《庄子》内篇为庄子自己的作品，它集中表达了庄子顺应自然、不假人为之"庄之为庄"思想，这一点已为学术界所共识。但《庄子》内篇像整部《庄子》一样，一向被认为是一部松散的论文集，并没有严密的结构；唯钟泰先生认为《庄子》内篇有它自己的理路，但他的结论过于宽泛，且他对《庄子》过于儒学化的解释也影响了他的结论。[②] 本文拟对此作一尝试。

一般认为，《庄子》内七篇中，《逍遥游》和《齐物论》两篇是它的核心文本。

关于《逍遥游》，尽管自郭象、支道林以来对"逍遥"一词的理解歧义百出，但张松辉指出，《逍遥游》的主旨不外乎就是整部《庄子》的主旨，也就是无为。[③]现在我们需要的是从《逍遥游》的文本出发来看看它的结构。

---

[①] 本文发表于《广西社会科学》2006年第2期。
[②] 参见钟泰《庄子发微》，第2页，上海古籍出版社，2002年。
[③] 参见张松涛《庄子考辨》第162页，岳麓书社，1997年。

# 独步庄内
## ——对《庄子》内篇成书年代的一种研究

从"北冥有鱼,其名为鲲"到"此小大之辩也"通过大鹏与小鸟、彭祖与众人等等的对比申述"小知不如大知,小年不如大年"的道理,说明人的智慧有大小,境界有高低。紧接着庄子说:

> 故夫知效一官,行比一乡,德合一君而征一国者,其自视也亦若此矣。而宋荣子犹然笑之,且举世誉之而不加劝,举世非之而不加沮,定乎内外之分,辩乎荣辱之境,斯已矣。彼其于世,未数数然也。虽然,犹有未树也,夫列子御风而行,泠然善也,旬有五日而后返,彼于致福者,未数数然也。此虽免乎行,犹有所待者也。若乎乘天地之正,而御六气之辩,以游无穷者,彼且恶乎待哉!故曰,至人无己,神人无功,圣人无名。

这里,庄子先依次点出四种类型的人,指出他们各自的特征,随后推出"至人无己,神人无功,圣人无名"这一主张。除了第一层次的"知效一官,行比一乡,德合一君而征一国者"是庄子所鄙弃的对象,余下的三类人正好对应庄子心目中"无名""无功"和"无己"的形象。宋荣子"举世誉之而不加劝,举世非之而不加沮,定乎内外之分,辩乎荣辱之境",把世俗的荣誉、名声置之度外,无疑是"无名"的圣人。庄子对宋荣子持肯定的态度,但"犹有未树也"。列子"乘风而行,泠然善也"("泠然"为轻妙之状,也就是不费力的意思),"彼于致福者,未数数然也"(意即列子不急于求取个人幸福),无疑是"无功"之神人。庄子对之进一步予以肯定,但列子"犹有所待"(需要凭借风力)。最高一个层次的人"乘天地之正,而御六气之辩,以游无穷",无有所待,他完全摒弃自我意识,与自然合为一体。这样的人正是庄子心目中的"无己"的至人(就是庄子自己)。历来对这段文字的理解都存在误差,总认为"无名""无功""无己"是同一圣人人格的三种称呼,如钟泰就认为,"圣人""神人""至人"虽有三名,"至者圣之至,神者圣而不可知之称,其实皆圣人也。"[①] 虽然《庄子》内篇中"圣人""至人"经常互称,在庄子的心目中,"无名""无功""无己"却构成等级分明的层次,有一个依次递进的关系。如果说《庄子》的主旨是自然无为,是对"知效一官,行比一乡,德合一君而征一国"之俗人的否定和超越,也就是"逍

---

① 钟泰:《庄子发微》第 14~15 页,上海古籍出版社,2002 年。

遥",那庄子的"逍遥"就不仅仅是一种状态,而更是一个过程。"无己"是逍遥的最高境界,先"无名",既而"无功"是通向"无己"的必经阶段,"无名""无功""无己"分别代表"逍遥"从低到高的三个层次。后面我们将看到,一部《庄子》内篇其实就是一部论述"无名""无功"到"无己"的作品。

一般认为,《齐物论》和《逍遥游》的着眼点不同,后者的主旨辨小大,而前者的目标在泯是非,①果真如此吗?

《齐物论》的主要内容被认为是"齐物"和"齐物论",陈少明则进一步指出,《齐物论》应包括"齐物论""齐万物""齐物我"三个方面的内容。一部《齐物论》就是在论述这"齐物"三义。②"齐物论"就是不辨是非,齐"万物"就是齐同万物,"齐物我"就是泯一物我。细读《齐物论》,我们不难看到,其实这齐物之三"义"是分层次的,《齐物论》中说:

> 古之人,其知有所至矣。恶乎至?有以为未始有物矣,至矣,尽矣,不可以加矣。其次以为有物矣,而未始有封也。其次以为有封焉,而未始有是非也。是非之彰也,道之所以亏也。

庄子认为人的精神境界有四。"古之人"的境界最高,"有以为未始有物者"就是在他们的境界中物我不分("天地与我并生,万物与我同一"。"不知周之梦为胡蝶,胡蝶之梦为周也")。下一层的境界是"以为有物矣,而未始有封也"。虽然有了物我的分别,有了自我意识,但仍对外在万物同等地观照,不做思想上的区别("举莛与楹,厉与西施,恢恑憰怪,道通为一")。③ 再其次的境界是"以为有封焉,而未始有是非也"。虽然分别出外界万物,但不从言论方面予以认定和评判,故没有是非善恶的评判("言恶乎存而不可?""彼亦一是非,此亦一是非""无物不然,无物不可""仁义之端,是非之途,樊然淆乱,吾恶能知其辩?")最末的就是俗人你长我短、是非纷纷的境界("是非之彰也,道之所以亏也")。这四种境界可分别用"无我""无封""无是非""有是非"来表示。

纵观《齐物论》的四个精神境界,除了"不齐"的"是非"境界是俗人境界,

---

① 此一观点以钟泰先生为代表。见钟泰《庄子发微》第2页。
② 陈少明:《〈齐物论〉及其影响》第15～19页,北京大学出版社,2004年。
③ 王先谦《庄子集解》:"封,界域也,其次见为有物,尚无彼此。"

# 独步庄门
## ——对《庄子》内篇成书年代的一种研究

对应不逍遥的"知效一官,行比一乡,德合一君而征一国者"外,其余的三个"齐物"境界——"无我""无封""无是非"可分别对应《逍遥游》中的逍遥的三个层次——"无己""无功""无名"。能顺乎自然方能"齐物",能"齐物"方能无为,无为即逍遥。能"齐物"方能逍遥,齐物有三重境界,逍遥才有三个层次。《逍遥游》亮出论点,《齐物论》予以论证,两者是有机的统一体。

## 二

在《大宗师》中,也有两节关于人的境界修养的段落。其一曰"坐忘":

> 颜回曰:"回益矣。"仲尼曰:"何谓也?"曰:"回忘仁义矣。"曰:"可矣,犹未也。"他日,复见,曰:"回益矣。"曰:"何谓也?"曰:"回忘礼乐矣。"曰:"可矣,犹未也。"他日复见,曰:"回益矣。"曰:"何谓也?"曰:"回坐忘矣。"仲尼蹴然曰:"何谓坐忘?"颜回曰:"堕肢体,黜聪明,离形去知,同于大通,此谓坐忘。"

其二曰"撄宁":

> 吾犹告而守之,叁日而后能外天下;已外天下矣,吾又守之,七日而后能外物;已外物矣,吾又守之,九日而后能外生;已外生矣,而后能朝彻;朝彻,而后能见独;见独,而后能无古今;无古今,而后能入于不死不生。

"坐忘"可分为三个阶段:忘仁义;忘礼乐;坐忘。

"撄宁"也可分为三个阶段:外天下;外物;外生。"外生"之后,庄子尽管还指出了"朝彻""见独"等几种阶段,但它们与"外生"只有逻辑上的先后关系,在时间上则是一悟俱悟,不分先后的,它们的基本特征是"外生"即忘却生死,钟泰先生对此有很好的阐述。①

把它们和《逍遥游》的三个逍遥层次——"无名""无功""无己"一比较,不难发现它们刚好从主观(积极)和客观(消极)两方面概括了"无名""无功"

---

① 参见钟泰《庄子发微》第147页。

"无己"的特征。"无名"是在言论层面上顺乎自然,主观方面(积极的层面)就是不刻意假借仁义之名、是非之言影响社会,感化他人,以博取世俗的名声,这就是"坐忘"的"忘仁义";"无名"的客观方面(消极的层面)就是不受世俗的价值观、荣辱观的影响,这就是"撄宁"中的"外天下"。这里的"外"就是遗忘、不在意的意思,《逍遥游》中宋荣子"举世誉之而不加劝,举世非之而不加沮"即是"外天下"的正解。"无功"指的是在行为层面上顺乎自然,主观(积极)方面就是不刻意在俗世中有所作为,这就是"坐忘"中的"忘礼乐":礼乐既是一种外在的社会设置,同时也是一种社会行为。在世俗社会中"忘礼乐"是最具代表性的"无功"。客观(消极)方面就是不受外在行为(社会的和自然的)的影响,这就是"撄宁"中的"外物"(行为的对象和结果必是"物")。"无己"指的是在意识层面顺乎自然,主观(积极)方面就是超越感官和心智,"堕肢体,黜聪明,离形去知"就是真正的"坐忘";客观(消极)方面就是与大道融合,抛弃习俗成见,特别是超脱生死(有关生死的观念应是意识中最牢固的观念)。这就是"撄宁"中的"外生"。

至此,我们可以看到"无名""无功""无己"这逍遥的三个层次构成《庄子》内篇的主要骨架。

现在我们从《养生主》起,逐篇考查《庄子》内篇。

在分析《养生主》之前,我们先回过头来,看看《逍遥游》"至人无己,神人无功,圣人无名"之后的几个寓言故事的寓意(庄子总是用寓言来表达他的思想,这也是"庄之为庄"的一大特色)。

尧让天下于许由的故事寓意在"圣人无名"。"肩吾问于连叔""宋人资章甫而适诸越"和"尧丧天下"三个故事寓意在"神人无功",这点学界没有什么分歧。问题是末尾庄子与惠子的两段问答之寓意,学界分歧明显。陈鼓应认为与"无名""无功""无己"无关,仅仅是"说到用大与'无用之用'的意义"[1]。钟泰认为:"此两节,寄之己与惠子之问答以明'至人无己'。"[2]张松辉认为第一个对话的寓意是"无己"(不怀个人成见),第二段对话表达了顺应自然的无

---

[1] 陈鼓应:《庄子今注今译》第1页,中华书局,1983年。
[2] 钟泰:《庄子发微》,第21页。

# 独步庄门
## ——对《庄子》内篇成书年代的一种研究

为思想。[①] 上述各家虽都有各自的理由，但他们的共同盲点是没有看到"无名"的两重含义。我们说过，"无名"的主观（积极）方面是不刻意求取名声，而它在客观（消极）方面就是不受世俗价值观、荣辱观对自己的影响（不仅"无名"有主客两方面的含义，"无功""无己"都有积极和消极两方面的意义。要准确把握《庄子》内篇的结构特点，理解这一点至为为重要）。而世俗以有用为荣，以无用为辱，以用大为优，以用小为劣。有用无用之评判是世俗价值观、荣辱观对人影响最大的地方。庄子的回答正是要向人们揭示有用无用、用大用小的相对性和局限性，要求人们超越世俗荣辱。

《逍遥游》后半部分的寓言故事表述的都是"无名""无功"的思想，并没有寓意"无己"的寓言情节。难道庄子忘记了"无己"这一最高的境界了吧？！原来，他们都在《养生主》中。

通观《养生主》之文本，发现它刚好是《逍遥游》的言犹未尽部分。《养生主》一开篇就说："吾生也有涯，吾知也无涯，以有涯随无涯，殆矣。"表达的正是"无己"的思想。之后的寓言故事"庖丁解牛"所谓"臣之所好者道也，进于技矣。""臣以神遇而不以目视，官知止而神欲行，依乎天理……"无疑讲述了一个"堕肢体，黜聪明，离形去知"的坐忘式的人物。接下来公文轩见右师的故事是从客观方面讲"无功"的思想。"无功"在客观方面就是要求不受外在行为（包括社会的和自然的）的影响。人受外在行为影响最大的莫过于形体的残或畸。右师只有了一只脚，却浑不在意，一句"天也，非人也"把他的"无功"的神人式的境界和胸襟表露无遗。

水泽野鸡的故事向来被理解为残害野鸡的天性，违背自然。这样的理解过于宽泛（正如把"有用无用"的辩论说成是庄子的寓意在"无为"一样。一部《庄子》就是讲自然无为的书）。这里庄子要着意表明的也是"无功"的思想：费了很多工夫编笼子、捉野鸡，还要小心饲养，以期常睹野鸡的风采，但事与愿违，野鸡并不自在。

秦失吊老聃的故事，从消极方面表述了"无己"的思想。自我意识的最顽固点是关于生死的意识。当人们把生与死看成像来到和离开一个地方那么平

---

[①] 张松辉：《〈逍遥游〉的主旨是无为》，载《人大复印资料——中国哲学》1999年第4期，第77~78页。

常,而"安时而处顺,哀乐不能入"时,才能达到真正的"无己"。

《养生主》只不过是《逍遥游》的续篇(从《养生主》的篇幅来看,把它归入《逍遥游》也正好合适,或许《养生主》正是后人割裂《庄子》内篇的结果)。从《逍遥游》到《养生主》,庄子都在反复向我们倾注他的"无名""无功""无己"的寓意。①

## 三

《人间世》的主旨是"无名"。

本篇的前三个寓言故事都是从主观(积极)方面论述"无名"的思想。在颜回适卫的故事中,孔子指出:"德荡乎名……,名也者,相轧也。"要颜回吸取关龙逄、王子比干因好名而遭杀身的教训,要求颜回"无感其名……,入则鸣,不入则止",不要"强以仁义绳墨之言术暴人之前";要在不刻意以仁义是非之言感化、影响他人,求取世俗名声。叶公子高使齐和颜阖傅卫灵公太子两个故事的寓意相似。张恒寿认为这三个故事不是庄子本人的原著而是庄子后学的续貂。② 但从《庄子》内篇本身的结构看,这三个寓言都与"无名"的积极层面意义十分切合。特别是,张氏认为,颜回适卫的故事讲的是宋钘、尹文的思想。其实,《庄子》"无名"层次的逍遥指的正是宋钘之辈(宋荣子)。所以张氏的论据恰好证明《庄子》内篇结构的严谨。接下来的三个故事都是有用无用、材与不材的故事,从消极层面申述"无名"的思想。结尾发生"桂可食,故伐之;漆可用,故割之。人皆知有用之用,而不知无用"的感慨,再次向世人表明,世俗的价值和荣辱是相对的,并没有自性,完全不必介怀。

《德充符》的主旨是"无功"。

本篇也是从主客两个方面来阐述"无功"的思想。在主观(积极)方面,王骀:"立不言,坐不议,虚而往,实而归。"哀骀它:"未尝有闻其唱者也,常合人而已矣,无君人之位以济人之死,无聚禄以望人之腹,……且雌雄合于前。""圣人不谋…不斫…不丧…不货。""寡人传国焉,无几何时,去寡人而行。"讲的都是无所作为也无须作为的寓意。但该篇的重点是从客观(消极)方面论述"无

---

① 《庄子》内篇作者对"名""功""己"的"虚无"理想与佛教对"口""身""意"三"业"的否定情怀的不谋而合,不禁使人们浮想联翩。

② 张恒寿:《庄子新探》第 84~100 页,湖北人民出版社,1983 年。

# 独步庄内
## ——对《庄子》内篇成书年代的一种研究

功"。该篇的六个故事主人公,前三个是断脚形残之人,后三个是面恶形丑之人,社会或自然对他们的身体做了莫大的"功",且都是负面的。但他们却对自己的遭遇泰然处之。所谓"德有所长而形有所忘"。"不以好恶内伤其身,常因自然而不益生"(此处的"好恶"是指形体的全残美丑而言,不同于"好善恶恶"的"好恶")。"今子与我游于形骸之内,而子索我于形骸之外,不亦过乎!""游心于德之和,……才全而德不形。"结论是:"有人之形,无人之情。"要点是世俗之美丑等外在形象根本不能影响真人恬淡自然的心境。

《大宗师》的主旨是"无己"。

庄子心目中的"无己"的理想人格在《大宗师》是真人。该篇前面部分表现了真人的各种特征;要在表现坐忘中的真人"离形去知"后的种种面貌。所谓"不谟士,不雄成,不谟寡","登高不慄,入水不濡,入火不热。"[①]"不忘其所始,不求其所终。""受而喜之,忘而复之。""不以心捐道,不以人助天。"更多的部分是阐述"外生",从客观(消极)方面说明"无己"。看生死如同日夜之交替。所谓"死生命也,其有夜旦之常,天也。""善吾生者,乃所以善吾死者。""浸假而化予之左臂以为鸡,吾因以求时夜;浸假而化予之右臂以为弹,吾因以求鸮炙。""以天地为大炉,以造化为大冶,恶乎往而不可哉?""孰能以无为首,以生为尻,孰知死生存亡之一体者,吾与之为友。""以生为附赘悬疣,以死为决疯溃痈。夫若然者,又恶知死生先后之所在。"要点是完全顺应自然的变化,不逞丝毫自我的主张和意识。

《应帝王》是庄子内篇的总结,也是对《逍遥游》的回应。

啮缺问于王倪一节,以泰氏之"其卧徐徐,其觉于于,一以己为马,一以己为牛"呼应"无己"。肩吾见狂接舆一节,后者以日中始的"君人者以己出经式义度"的行为"是欺德也,其于治天下也,犹涉海凿河而使蚊负山矣。夫圣人之治也,治外乎"呼应"无功"。天根遇无名人而问为天下,无名人予以唾弃,告诫他不要"以治天下感予之心为"(意即用梦话之类的言语感化影响自己),呼应"无名"(该处的"无名人"就已经把庄子的用意表露无遗)。阳子居见老聃

---

[①] 张恒寿认为《大宗师》中"真人四解"也非庄子本人的手笔(见张恒寿《庄子新探》第56页,湖北人民出版社,1983年),理由是"真人四解"中有关的描述是神仙修炼的思想,笔者认为不排除"真人四解"的部分章节有后人的窜入,但它的主要内容是对"坐忘"式人物的摹状,应更多地从想象层面来理解。后世的神仙家多从实存的意义模仿庄子式的"真人",而不是相反。

一节，老聃以"明王"来统领庄子心目中理想人格。季咸相壶子的故事，历来解释纷纭。仔细推敲原文，并与《逍遥游》和《齐物论》联系起来看，就可发现，虽然庄子这段文本行文仿佛，但它的用意非常明显。壶子显示给季咸的四个相，寓意就是《逍遥游》的四个层次和《齐物论》中的四个境界。第一个相"杜德机"（生机杜塞之意）。"乡吾示之以地文，萌于不震不止"，其实是寓意最低层次的"是非"境界，指的是"知效一官，行比一乡，德合一君而征一国"式的俗人。所以季咸说："子之先生死矣，弗活矣，不以旬数矣！"第二个相是"善者机"（生机发动之意）。它的特征是："乡吾示之以天壤，名实不入，而机发于踵。"特点是"名实不入"，寓意无疑是"无名"。第三个相是"衡气机"。特别指出"鲵桓之审为渊，止水之审为渊，流水之审为渊"，水的处所、成因虽各不相同，为渊则一也。正应"恢恑憰怪，道通为一""视其同者而观之，万物皆一也"之意，从客观方面寓意"无功"。第四个相是"未始出吾宗"，特点是"吾与之虚而委蛇，不知其谁何，因以为弟靡，因以为波流"，简直就是一幅超越感官和心知，与道合一的"无己"式的"至人"素描图。随后的"无为名尸，无为谋府，无为事任，无为知主"又一次申述"无名、无功、无己"的思想。

末尾一段是南海之帝、北海之帝的故事，以七窍生而浑混死，寓意庄子的理想是"堕肢体，黜聪明，离形去知"，是"坐忘"式的至人。文字上则与《逍遥游》开篇的南溟、北溟遥相呼应。

庄子内篇，主旨鲜明，层次分明，结构严谨。

庄子自许其作品为"谬悠之说，荒唐之言，无端崖之词，时恣纵而不傥"。"以卮言为曼衍，以重言为真，以寓言为广"，"其书虽瑰玮而连犿无伤，其辞虽参差而諔诡可观。"诚哉斯言！

# 独步庄内
——对《庄子》内篇成书年代的一种研究

## "留动"还是"流动"?
## ——对《庄子》哲学终极依托的一种解释[①]

**摘要**:《庄子》的难解,固然是由于其文字本身的"悬解"和"吊诡",也多少反映了传统学术本身的乏力。笔者认为,庄子思想的终极依托是境界形态的本体论,而不是宇宙生成意义上的本源论。庄子认为,世界本真——"道"是遍在而恒定的,俗世的差别和是非源于人的理智的表象和赋予。人类社会的历史就是人的理智不断开显、从"无分别"境界—"分别物我"境界—"分别外物"境界—"分别是非"境界不断沉沦的历史。从不辨是非—齐同万物—泯一物我,最后回归"道",则是庄子给人类指点的修养之路。

**关键词**:道 理智 境界 修养

一

《庄子》作为中国本土哲学的代表素称难解。它之难解,固然是由于其文字本身的"悬解"和"吊诡",也多少反映了传统学术本身的乏力。近代以来,有关《庄子》的学术累积了不少新说,但真正有意义的进步并不多见。我们都知道,对一门哲学终极依托的把握成为理解该哲学的关键环节。遗憾的是,对于《庄子》来说,至少到目前为止,这方面的探讨仍然是扑朔迷离,莫衷一是。本文拟作一尝试,冀望能进步些许。

中国哲学关于世界万物存在和发展的终极依托,有本体论和本源论的区分,冯达文对此已有精到的见解。[1]大致而言,本源论涉及事物与其本源的生成与被生成的关系,具足自然哲学的意蕴,所以又叫作宇宙生成论;而本体论则涉及物象与其根本特性和结构的依赖与被依赖的关系,更多形而上学的意蕴。本源是实存性的,而本体是思维性的或境界性的。汤用彤认为本源在时空之内,而本体超越时空。[2]249本体论以魏晋玄学为代表,本源论的代表则是

---

① 本文成文于2004年前后,发表于《三峡大学学报》(社科版)2013年第2期。

汉代的宇宙生成论。[3]我们要问的是,《庄子》的终极依托是什么呢?

《庄子·天地》有云:

> 泰初有无,无有无名,一之所起。有一而未形,物得以生谓之德。未形者有分,且然无间,谓之命。留动而生物,物成生理谓之形。形体保神,各有仪则谓之性。性修反德,德至同于初。

此段文字向来被认为是庄子思想本源论的经典表述。现今流行的陈鼓应《庄子今译今注》对此段的今译是:"宇宙始原是'无',没有'有',也没有名称;(道的活动)呈现混一的状态,混一的状态还没有成形体。万物得到道而生成,便是'德'。没有形成形体时却有了阴阳之分,犹且流行无间称之'命';(元气)运动稍时滞流便产生了物,万物生成各具各别样态,就称为'形';形体保有精神,各有轨则,就称为'性'。经修养再返于'德',德就同于太初。"[4]311

庄子思想的终极依托果真是本源论倾向的吗?

我们先来看看《庄子》中心文本《庄子·齐物论》中的几段话语。《庄子·齐物论》中说:

> 有始也者,有未始有始也者,有未始有夫未始有始也者,有有也者,有无也者,有未始有无也者,有未始有夫未始有无也者。

《庄子》被自认为"无端崖之辞""諔诡谬悠"之说(《庄子·天下》)。这段文字更是飘忽而难以捉摸。历来注家解说纷纭,莫衷一是,[5]234但大都从本源论入思。陈鼓应的今译是:"宇宙有一个'开始',有一个未曾开始的'开始',更有一个未曾开始那'未曾开始'的'开始'。宇宙最初的形态有它的'有',有它的'无',更有未曾有'无'的'无',更有未曾有那'未曾有无'的'无'。"[4]73~74陈氏的解释虽然与原文一样飘忽而难以捉摸,很明显它也是一种宇宙起源式的本源论解说。

对此段文字的本源论认定其来有自,源远流长。西汉的《淮南子》首先将它做了明确的本源论的诠释:

# 独步庄内
## ——对《庄子》内篇成书年代的一种研究

所谓有始者,繁愦未发,萌兆芽蘖,未有形埒垠堮,冯冯翼翼,将欲生兴而未成物类。有未始有有始者,天气始下,地气始上,阴阳错合,……欲与物接而未成兆朕。有未始有夫未始有有始者,天含合而未降,地怀气而未扬,虚无寂寞,萧条霄霁,无有仿佛,气遂而大通冥冥者也。有有者,言万物摻落,……可切循把握而有数量。有无者,视之不见其形,听之不闻其声,扪之不可得也,望之不可极也。……浩浩瀚瀚,不可隐仪揆度,而通光耀者。有未始有无者,包裹天地,陶冶万物,大通混冥。深宏广大,不可为外;析豪剖芒,不可为内。无环堵之宇,而生宇宙之根。有未始有夫未始有有无者,天地未剖,阴阳未判,四时未分,万物未生,汪然平静,寂然清澄,莫见其形。(《俶真训》)

尔后,纬书《乾凿度》和《列子·天瑞》进而把这种宇宙发生论思想具体化为太易—太初—太始—太素的演进过程。《列子·天瑞》称:

太易者,未见气也。太初者,气之始也。太始者,形之始也。太素者,质之始也。

后来的庄学研究者大都或多或少受到影响。

## 二

但是,仔细研读《庄子》,特别是上述文字的上下文,就可发现,庄子的本意和着重点在于揭示人类理智(庄子的"知"包括名言概念、逻辑思维、典章制度、礼仪习俗,统而言之,是以语言为代表的人类文化和文明)的演进及其导致的社会混乱。在庄子看来,人类不断知识化、理智化无异于人的本真的不断戕斫,人的本性的不断丧失。在这段文字之上不远处,庄子说:

古之人,其知有所至矣。恶乎至?有以为未始有物者,至矣,尽矣,不可以加矣。其次,以为有物矣,而未始有封也。其次,以为有封焉,而未始有是非也。是非之彰也,道之所以亏也。(《齐物论》)

在这里,庄子把人类理智区分为四种状态,分别为:1. 未始有物状态;2. 有物而未始有封状态;3. 有封而未始有是非状态;4. 有是非状态。在庄子看来,本真的世界是"道",是巴门尼德式的存在。"道"是绝对的,充实而自在的,是感官和语言所无法把握和表达的。最好是什么也不说,实在要说,也只能比喻式、象征式地摹状之。呈现在我们感官中的世界是非本真的,相对而待的。世界之所以是我们所认为的样子,是由于我们把它理解和解释成这个样子,是我们的理智(知性)把它区别成、表象成这个样子(庄子被称为主观唯心主义,不为冤枉)。这四种状态从社会进程来看,就是四种历史阶段;从个人的认知角度看,就是四种领悟境界。

1. 未始有物状态。就是老庄所谓"道"的状态。至道曼延,大化流行,浑浑噩噩,一片混沌。这里的"始"是"开始知道""开始分别"的意思,"未始有物"也就是"还不知道有物存在"。这一状态是没有物我分别、主客对待的,类似于黑格尔精神哲学中"灵魂"状态。[6]20 这可称为"无分别"境界。

2. 有物而未始有封状态。随着理智的开显,文明推进,有了"我"和"物"的区别,有了主客对待,人类理智进入类似黑格尔精神哲学中主观精神的"意识"状态。[6]30 虽然有了物我的分别,但对外界世界的认识尚处在初步的、整体性的、模糊的把握中,不知道客观世界的分门别类,林林总总。所以说是"有物而未始有封","封"即界限、疆域的意思。这可称为"分别物我"境界。

3. 有封而未始有是非状态。到这里,人意识到外界物类五光十色,千差万别,有了对事实本身的认知,但还没有对错、善恶、美丑等是非观念,故说"有封而未始有是非"。这可称为"分别外物"境界。

4. 有是非的状态。人类理智发展到最后,不仅认识到了外界个别事物的差异,而且还赋予它们高低贵贱、善恶美丑、好坏对错等是非的价值,从事实判断进而进入价值判断。这就是庄子所处的年代。这可称为"分别是非"境界。

庄子认为人类理智的愈益开显,是非的愈益彰明,社会也就愈益不堪。"未始有物"的无分别境界是最理想的境界,"至矣,尽矣,不可以加矣。"从"未始有物状态"—"有物而未始有封状态"—"有封而未始有是非状态"—"有是非状态"是一个从"无分别"—"分别物我"—"分别外物"—"分别是非"的不断分别下坠的过程,是一个沉沦的过程。所以说"其次……其次……"所以说"是非之彰也,道之所以亏也"。这里的"道亏"是指人的境界对道的偏离,不

# 独步庄内
## ——对《庄子》内篇成书年代的一种研究

是指"道"本身有什么"亏欠",庄子的"道"是完全自足的,不受人和现象界影响的绝对的"大全"。虽然用了"始""未始"等话语,庄子并无意阐述宇宙演化的历程。① 笔者认为,这段文字是庄子思想特别是齐物论思想的核心表述,惜乎历来未得到应有的重视。

明白了这一段落的庄子原意,再来考查"有始也者,有未始有始也者,有未始有夫未始有始也者,有有也者,有无也者,有未始有无也者,有未始有夫未始有无也者"这段莫名话语的真旨。可以看出以"有有也者"为中心它呈现为一个开放的单向环路,并可展开为前后两个路向:1. 有始也者—有未始有始也者—有未始有夫未始有始也者—有有也者;2. 有有也者—有无也者—有未始有无也者—有未始有夫未始有无也者。把它们与前述庄子所确定的人类理智演进的四个阶段或四种境界进行对比,就可发现它们可形成相互对应的关系。图示如下:

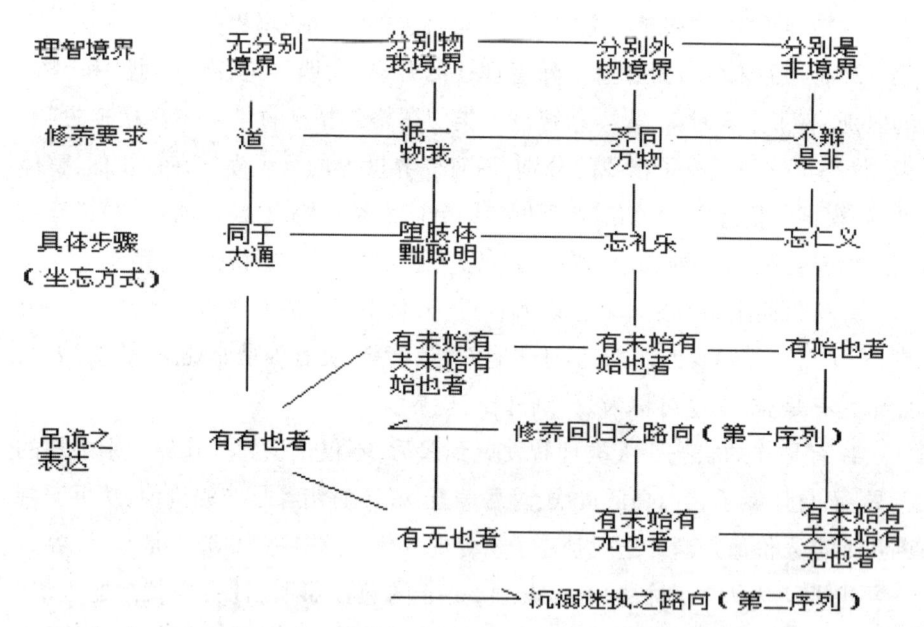

| 理智境界 | 无分别境界 | 分别物我境界 | 分别外物境界 | 分别是非境界 |
|---|---|---|---|---|
| 修养要求 | 道 | 泯一物我 | 齐同万物 | 不辩是非 |
| 具体步骤(坐忘方式) | 同于大通 | 堕肢体黜聪明 | 忘礼乐 | 忘仁义 |
| 吊诡之表达 | 有有也者 | 有未始有夫未始有始也者 | 有未始有始也者 | 有始也者 |
|  | 有无也者 | 有未始有无也者 | 有未始有夫未始有无也者 |  |

修养回归之路向(第一序列)
沉溺迷执之路向(第二序列)

或许庄子在这里正是想以他特有的"吊诡"之方式向我们展示不同的人生路向。第一序列是修养回归的路向,第二序列是沉沦迷执的路向。

---

① 陈鼓应对此段落也做了本源论式的解释,殊为可叹。参见陈鼓应《庄子今译今注》,第70页,中华书局,1983年。

先看第一序列。"有始也者"中的"始"是指"开始","有"在这里是意动词,"有始"的意思就是"使开始得以成立""使开始成为可能"。所以"有始也者"就是指现实或现今的阶段或状态,指的是庄子所处的年代,也就是"分别是非"境界。修养上就要求不辨是非。"有未始有始也者"指的是还未开始分别是非的状态,也就是前述的"分别外物"境界。它是比"分别是非"境界高一级的境界。修养上要求齐同万物。"有未始有夫未始有始也者"即相当于"分别物我"境界,修养上要求泯一物我。"有有也者"即是指"未始有物状态",也就是"道"的"无分别"境界。这里的"有有"中的后一个"有"是指外在现象世界,"有有"的字面含义是"使现象世界得以成立",所以"有有也者"即相当于常态表达中的"无"。很明显,第一路向是代表返璞归真、修养回归的方向。庄子提倡的"坐忘""心斋"的目标就是从"有始也者"回归到"有有也者",从"是非纷纭"走向"物我两忘","同于大顺"。

再看第二序列。"有无也者"是对"有有也者"的背离,"有无"的字面义是"使'无'得以成立",所以"有无也者"即相当于常态表达中的"有",指的是外部世界。"有无也者"是人从"大道"向世俗沉沦的开始,表明已有了物我的分别,主客的对待,它相当于上述的"分别物我"境界。"有未始有无也者"对应于"分别外物"境界,"有未始有夫未始有无也者"则对应于"分别是非"境界。与第一路向相反,第二路向是世人执持理智、沉溺迷陷的方向。这正是人类历史演进的路向,是庄子所鄙弃的路向。

原来,这段文字是对"古之人其知有所至矣,……道之所以亏也"更加形而上的"吊诡"式的表达,所以庄子之前提醒说:"今且有言于此,不知其与是类乎?其与是不类乎?类与不类,相与为类,则与彼无以异也。"意思是:我这里的说法虽与之前有所不同,用意却无大异。这之后庄子又说:"俄而有无矣,而未知有无之果孰有孰无也。今我则已有谓矣,而未知吾所谓之其果有谓乎?其果无谓乎?"庄子的意思是:世界本真——"道"是无始无终的,恒定不化的,"不为尧存,不为亡"(《荀子·天论》),无所谓"有""无"的,由于人类理智对它的投射观照,才有了"有""无"的分别;我们虽讲了这么多"话语",从"道"的角度看,"说"与"不说"实在是毫无区别的。这里的"俄而"两字用得很到位,庄子意在说明现象世界的"有"和"无"完全是我们人类理智的"一念之发"使然。

# 独步庄内
——对《庄子》内篇成书年代的一种研究

庄子唯恐世人还不能理解他的本意,紧接着继续说:

> 天地与我并生,而万物与我为一,既已为一矣,且得有言乎?既已谓之一矣,且得无言乎?一与言为二,二与一为三。自此以往,巧历不能得,而况其凡乎!

本来老子"道生一,一生二,二生三,三生万物"是典型的本源论命题,在这里却被庄子作了天才式的本体论的表达。①"天地与我并生,万物与我为一"就是物我未分的"有有也者",是"未始有物状态"。此状态是绝对排斥语言的"一"的状态,所以说"既已为一矣,且得有言乎?"但既然已经用"一"来称谓描述这种状态,说明我们已经用上了语言这个理智工具,故说:"既已谓之为一矣,且得无言乎?"本来的"一"(即"道")与语言构成二,再加上"一"这个文字就成了三。现象世界就是这样被语言等人类理智一步一步构成的。老子的"道"创生万物的过程变成了人类理智割裂"道"而凸现万物的过程。

庄子思想的本体论取向至此昭然若揭。

## 三

现在我们再回过头来,看看本文开头所引《庄子·天地》那段文字。粗看起来,它俨然是一段描述宇宙起源的论文。我们知道,《庄子·天地》等外篇被认为是庄子后学所出,比庄子本人的年代为晚,作者的语境有了变化,遣词用句似乎已受宇宙生成论的影响,与庄子内篇已有相当的差距。不过仔细推敲,仍能发现,这段文字与《庄子》的主旨是吻合的,它仍然是在阐述人的理智的不同状态或境界。

1."泰初有无,无有无名"指的是我们理智未开显的"道"的状态。物我不分,一片混沌,不可言说,故曰"无",所以既没有现象世界,也没有语言(无有无名)。这里的"泰初"是从逻辑上说的,指是意识之初、理智之初。把"泰初"理解为宇宙的起始是对"庄子为庄"者莫大的误解。这可称之为"初"的境界。

---

① 冯达文说:"老子的'道生一,……'之论题本是本源论命题,但庄子却把它转换成知识论命题,并借斥知识论来成就本体论。"参见冯达文《早期中国哲学略论》第 330 页,广东人民出版社,1998 年。

2. "一之所起,有一而未形,物得以生谓之德。未形者有分,且然无间,谓之命"指的是人的理智刚张显时的状态。这里的"一"指意识刚从物我不分的原初中觉醒,有了主客的对峙,但对外界的认识还只能有模糊、整体的把握,故称为"一"。它类似于萨特的"自在的存在"。① "自在的存在"充实而不透明,"存在存在,存在是自在的,存在是其所是"[7]27这样的"一"——"自在的存在"尚未被意识"虚无化"而成为具体的物象,尚未呈现外界万物的个别性和差异性,故"有一而未形"。"未形者有分,且然无间"是指人的意识对外界物象之分判将显未显之摹状。② 冯友兰在解读这段文字时说:"命和德是一个东西,从人和物这方面说,这个东西是它们所得于道的,所以称为'德';从道那方面说,这个东西是道所给予人和物的,所以叫作'命',好像是给它们一个命令。"[8]421此话很有见地。但这里的"命"似乎更应该理解为人"命名"物,人的理智的觉醒使外部世界呈现的意思。这可称为"德"的境界。

3. "留动而生物,物成生理谓之形"是理智的进一步开显的状态。"留动而生物"的"留动"常被人误解为"流动",一字之差,谬之千里。钟泰说:"此文'留'字最为要义。或以《释文》有'留或作流'之言,因谓'留'借为'流',以流行生物作解,误之甚也。"[9]262"留动而生物"的"留"字这里应作留滞、截取意。柏格森认为,物质的存在是不真实的,世界本真是"绵延"之流。由于我们的理智和知性对"绵延"的截取,于是形成了我们思想语言中的现象世界。本真的东西于是就被割裂成界线分明、静止的东西。[10]87"知性总是从不动性出发,仿佛这个不动性是最高实体。""知性由于自然的禀赋,只关注不变的事物,知性只能形成不动性的观念"。[11]122"留动而生物"很契合柏格森的上述意思。自在的存在自足而完满,难以言表,摹状而言之则可谓"绵延之流",人的意识留滞、截取之就成了我们理智中的世界万物。世界万物各有自己的条理、自己的特征。所以说"物成生理谓之形。"③这可称之为"形"的境界。

4. "形体保神,各有仪则谓之性"是理智的最张显的状态。前一状态,外界

---

① 萨特的"自在的存在"是相对于"反思前的我思"这样的纯粹意识而言的。参见余源培、夏耕《一个孤独者对自由的探索》,第57~58页,云南人民出版社,1987年。

② "且然无间"按钟泰解:"且然犹云然且。且然无间,然有分而未分,则犹保其无间之本然。"钟泰:《庄子发微》,第261页,上海古籍出版社,2001年。

③ 徐复观说:"物成生理就是成就物后各有生命、条理。"见徐复观《中国人性论史》,第332页,上海三联书店,2001年。

# 独步庄门
## ——对《庄子》内篇成书年代的一种研究

万物在理智的观照下虽千差万别,森罗万象,但仍停留在存在与否的事实判断阶段,事物本身并没有价值和是非的分别。只有到了这一阶段,人的理智才将人所特有的价值观赋予万事万物,使事物有了高低贵贱、好坏美丑的是非分别。这里的"神"(精神)指的就是人类的理智。《淮南子·精神训》说:"是故精神者,天之有也,而骨骸者,地之有也。精神入其门而骨骸反其根,我尚何存?"《列子·天瑞》也有类似的表述。庄子这里的思想与它们是一脉相承的。人之为人就在于"精神"(理智)和"形体"的结合。人生实则不过是精神(理智)执持某一形体(形体保神)为"我",人死则"神""形"分离,所以说"我尚何存"。"自我意识"一旦形成,便总是以自我为中心,人人各具自我的评判标准(各有仪则),于是就"厚此薄彼",是非纷纭,争辩不休。这些都是有"生"的必然,也是俗世的"本性"。这可称之为"性"的境界。

不难看出,这里的"初""德""形""性"四种境界可与前述"无分别""分别物我""分别外物""分别是非"四种境界一一对应。从泰初境界到性的境界是人沉沦的路向,也是庄子所深为忧虑的。庄子在揭示了人类沉沦的各个阶段后,随即告诫人们不要迷执于歧途,应逆向沉溺之路,回溯修养,复归本真。"性修反德,德至同于初。"(此话对我们正确把握庄子本旨也很关键。它从一个侧面表明,该段文字只能作本体论式的理解。如用宇宙生成论来解释,则上下文明显缺乏逻辑的紧密性。)

这段文字似应用这样的现代话语表述:世界的本真只是道,无所谓物象也无所谓语言。意识理智出现,有了物我的分别和主客的对待。但人对自在的存在的认识还很笼统、模糊。世界如没有形象似的茫然一片,混沌绵延,将分未分。客观存在的存在依据在于"道",所以称为"德",客观存在又因为人、因人类理智和意识的张显而呈现,所以又叫作"命"。进一步,人类理智和语言通过截取、留滞存在的"绵延之流"。于是就出现了形形色色的事物,在理智的观照下,万事万物呈现出各式各样的条理和样式,各有自己的形态和形状。再进一步,人类理智把是非的价值赋予外界事物,使事物呈现出善恶、美丑、好坏的各样品性(这是一条理智的沉沦之路)。逆沉沦之路向回溯修养,才能从"性"经"形""德"返回"泰初"。

在《庄子·至乐》中,我们也看到庄子当其妻死,不显悲情反而箕踞鼓盆而歌,遭人指责。庄子辩解说:

## 附　录

> 察其始也,而本无生;非徒无生也,而本无形;非徒无形也,而本无气。杂乎芒芴之间,变而有气,气变而有形,形变而有生。今又变而之死,是相与为春秋冬夏四时行也。

这段文字表面上看也极似本源论式的表达,似乎在讲人从生到死的自然过程。如果这样理解的话,则明显失去"庄之为庄"的旨趣。虽然通篇在讲"生"和"变",但庄子的宗旨无疑是说,之所以有"气""形""生""死"各样的变化,是由于不同的理智境界所呈现的不同表象。本真之"道"则永恒不变,自在而自足。从世俗的"分别是非"境界看,才有人的生死(有生则有"我",有"自我意识"就有"是非",见前述);从"分别外物"境界看,世界仅有形变;从"分别物我"境界看,世界仅有气化;当我们从道的"无分别"境界看,世界就是连"气"都无法形容的状态,是无法言说的"有有也者"——"道"。这里也可区分出"无气""气""形""生"四种状态,这四种状态仍然指的是四种理智境界,而非实然性的人生自然历程。它可分别对应于《庄子·天地》中的"初""德""形""性"四种境界。

庄子持历史倒退的观点,《庄子·天运》称:

> 黄帝之治天下矣,使民心一。民有其亲死不哭而民不非也。尧之治天下,使民心亲,民有为其亲杀其杀而民不非也。舜之治天下,使民心竞,孕妇十月而生子,子生五月而能言,不至乎孩而始谁,则人始有夭也。禹之治天下,使民心变,人有心而心有顺,杀盗非杀人,自为种而天下也。是以天下大骇,儒墨皆起。名曰治之,而乱莫甚焉。

庄子认为人类历史过程就是人的理智开显的过程,理智开显的过程也就是世道沉沦的过程。人类的知性化、理智化是社会败坏的罪魁祸首。庄子的主旨是揭示这一沉重的主题,并倡导人们抛弃理智,"忘仁义……忘礼乐……堕肢体,黜聪明,离形去知,同于大通"(《庄子·大宗师》),"性修返德,德至同于初,……与天地为合。……同于大顺"(《庄子·天地》)。庄子认为他的年代已是混乱不堪、水深火热,但他又无法改变现实。于是他唯一能做的就是从思想境界上超越现实,走向精神上的绝对自由,走向泯一物我、齐同万物、不辨是非的"逍遥"之中。庄子思想的终极依托只能是境界形态的本体论。从逻辑上

# 独步庄内
## ——对《庄子》内篇成书年代的一种研究

讲,庄子认为宇宙本真(道)是遍在的,所谓"在太极之上而不为高,在六极之下而不为深,先天地生而不为久,长于万古而不为老"(《庄子·大宗师》)。"道无终始""道无处不在"(《庄子·知北游》),"道"就其本身而言又是永恒不化的,人所感觉的世界的差别和变化是人的理智表象成的。庄子的思想中不可能有宇宙起源和生成的概念。①

总之,庄子思想的终极依托应是建基于境界论之上的本体论,至少"庄之为庄"者应是如此。

## 参考文献

[1]冯达文.中国哲学的本源——本体论[M].广州:广东人民出版社,2001.

[2]汤用彤.汤用彤学术论文集[M].北京:中华书局,1983.

[3]冯达文.早期中国哲学略论[M].广州:广东人民出版社,1998.

[4]陈鼓应.庄子今译今注[M].北京:中华书局,1983.

[5]陈玖葆.老庄学新探[M].上海:上海人民出版社,2002.

[6]张世英.论黑格尔的精神哲学[M].上海:上海人民出版社,1986.

[7]〔法〕萨特著,陈宜良译.存在与虚无[M].上海:上海三联书店,1987.

[8]冯友兰.中国哲学史新编:中册[M].北京:人民出版社,1998.

[9]钟泰.庄子发微[M].上海:上海古籍出版社,2001.

[10]李文阁、王金宝.重读柏格森[M].成都:四川人民出版社,1998.

[11]〔法〕柏格森著,王丽珍等译.创造进化论[M].长沙:湖南人民出版社,1989.

---

① 崔大华说:"在老子看来,万物由道产生,世界万物当然有开始,而且唯一地由道开始。然而从庄子那种溶入、涵盖一切事物和状态的总体的'道'的立场观察,世界的存在既无开始,也无终结。"崔大华:《庄学研究》第398页,人民出版社,1992年。

# 后　　记

本书是笔者十几年前在中山大学哲学系读博期间所写的一篇长文,本想作为博士论文,但因观点和方法都过于具颠覆性而未能如愿。本书是笔者从一个古生物学者转行中国历史文化后所写的第一本专著。虽然笔法生涩,对中国文化尚缺乏总体把握,但学术心态十分纯正,选题也宽窄深浅适度,另外就是我在佛教和古印度思想的阅读和理解方面也确实下了相当的功夫,十几年后的今天,再来看当时的稚嫩之作,虽然有若干不当之处,仍然不失为真正的学问。该书的观点和方法当时未被认可,今天恐怕仍难被主流接受,但我过往就觉得、今天更加觉得它绝对是对得起真正的中国文化先哲,对得起正在来临的伟大的中国文化复兴的。

促使我把该书付印的直接动力来自天涯论坛的一位网友,他在谈到用内含字词研究《庄子》各篇的成书年代时,说这方面的问题,《从字词演化规律看〈庄子〉内篇的成书年代》一文已经讲清楚了,他的言下之意是,该篇论文已经把相关问题彻底解决了,世人无须再费周折。该网友所说论文正是本书核心内容之一。笔者曾经单独成文,向多个杂志投稿,并在《贵州社会科学》发表,但该网友提到这篇论文时,并没有提到我的名字,也没有提到《贵州社会科学》杂志,看来他是通过网上渠道阅读到我的文章。这使我意识到,尽管响应者稀少,总还是有真正的学术知音,我应该给同道们一个正品,而不是一个连作者名都没有的网上无名帖。

十几年后的今天我想进一步提醒读者朋友的是:

1.《庄子》内篇成书很晚,远超国人原有的想象,它是东汉之后的作品,深受佛教(大乘佛教)影响。相对来说,《庄子》外杂篇无疑是早期的庄学作品,但即使是《庄子》外杂篇,它们与战国年间的庄周思想仍然有相当的距离。从

# 独步庄内
## ——对《庄子》内篇成书年代的一种研究

《吕氏春秋》提供的语境看,历史上真实的庄周应该是阳生(杨朱)的前辈,他们都是主张"贵以""贵因"的古典儒家人物,他们以发现和遵循事物的规律、原理为己任。从道统方面讲,他们是古典中国主张积极入世的早期道家,与《庄子》内篇主张"齐物论""任逍遥"颓废出世的晚期道学持有完全相反的人生观。

2.《吕氏春秋》几乎可以算是中国最早的传世文献,署名于春秋战国的诸子百家基本上都是汉人的托附。本书作者的《观相百家——古典中国文化之春夏秋冬》①对此有了开创性的表述,本人的新著《中国心,天下梦——孔子〈春秋〉训》(待出版)对此有进一步的论说。正如我的一本书名所展示的,②在传统文化之外,我们还有一个被遗忘与曲解的古典中国,古典中国才是致力于伟大复兴的中国心灵最值得向往的精神家园。

本书的遗憾是当时的笔者尚没有形成古典中国的概念,仍然把《荀子》《孟子》等传世的诸子文献当成战国年间的作品,当成《吕氏春秋》之前的作品,因而有了一些无谓的论证,另外,当时的笔者把"天人合一"观当成了来自印度的外来观念,现在看来,明显是错误的。还好,这些瑕疵没有对本书的核心观点造成负面影响,而这些论说本身仍然有它们的可取之处,为了真实地反映笔者当年的学力,本次整理基本上保留了当时的原貌。

近年来,随着出土文物的不断涌现,有人说要走出疑古时代。与之相反,本书笔者十几年前就认为,现在更加确信,古史辨前辈开创的对中国文化的重新认识才刚刚开始。中华民族的伟大复兴必须要建基于古典中国之上。弄清楚作为中国文化源头和主体的古典中国的本来面目和来龙去脉,这是我们这代中国文化人的使命和责任。

---

① 该书已由广西师范大学出版社2017年出版。
② 郭智勇:《被遗忘与曲解的古典中国——〈吕氏春秋〉对传统学术的投诉》,广西师范大学出版社,2012年。